Contenido

Hay una Carta a la familia en cada lección.

Contenido

Hay una Carta a la familia en cada lección.

Contenido

Hay una Carta a la familia en cada lección.

Contenido

Hay una Carta a la familia en cada lección.

Estimada familia:

Esta semana su niño está aprendiendo a contar.

En clase, su niño comentará razones por las que la gente cuenta y por qué contar es una parte importante de la vida diaria. Por ejemplo, un maestro puede contar los libros en un estante para asegurarse de que hay suficientes para cada niño. O un niño puede contar el número de días hasta su cumpleaños.

Al contar objetos en grupos de 1 a 4, su niño también desarrollará la comprensión de que cuando cuenta un grupo de objetos, cada número está asociado con un objeto, y que el último número que se cuenta dice la cantidad total en el grupo. Por ejemplo, cuando cuenta un grupo de 4 crayones, puede tocar cada crayón mientras dice un número: 1, 2, 3, 4. *Hay 4 crayones.* O puede mover cada crayón a un lado mientras cuenta.

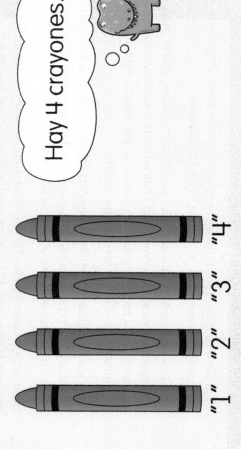

Hay 4 crayones.

"1" "2" "3" "4"

A través del aprendizaje de qué significa contar y del desarrollo de estrategias para llevar la cuenta de los objetos que se cuentan, su niño aprenderá a construir una base sólida para tener éxito en matemática.

Invite a su niño a compartir lo que sabe sobre contar haciendo juntos la siguiente actividad.

CONTINÚA

Actividad: Contar

Materiales: 3 tazas, 9 monedas de 1 centavo (u otros objetos pequeños como botones o frijoles secos)

Haga la siguiente actividad para ayudar a su niño a practicar estrategias para contar.

- Llene cada una de las tazas con 2, 3 o 4 monedas de 1 centavo (un número diferente en cada taza).

- Pida a su niño que vierta las monedas sobre la mesa. Pregúntele cuántas monedas de 1 centavo hay sobre la mesa.

- Si su niño tiene problemas para contar las monedas, guíelo para usar una estrategia como tocar cada moneda a medida que cuenta, mover cada moneda a un lado a medida que cuenta, o poner cada moneda en la taza a medida que cuenta.

- Pida a su niño que vuelva a poner las monedas de 1 centavo en la taza y que repita con las otras dos tazas. Luego cambie el orden de las tres tazas y vuelva a hacer la actividad.

Si su niño necesita un desafío adicional, aquí hay una manera de llevar más allá la actividad. Pida a su niño que cierre los ojos y escuche mientras deja caer 1 a 4 monedas de 1 centavo dentro de la taza. Pregunte a su niño cuántas monedas de 1 centavo hay en la taza. Repita varias veces.

Comprende Contar

Nombre _____

¿Para qué contamos?

Haz un dibujo de algo que puedes contar.

¿Por qué cuentan las personas objetos en la casa?

Dibuja algunos de los objetos que cuentas en la casa.

Hable con su niño o niña sobre los objetos de la casa que se pueden contar y por qué las personas cuentan objetos en la casa. Luego pídale que dibuje algo que él o ella haya contado en la casa, como muñecos de peluche o tazas.

4   Lección 1 *Comprende* Contar   ©Curriculum Associates, LLC   Se prohíbe la reproducción.

Comprende Contar

Ejemplo

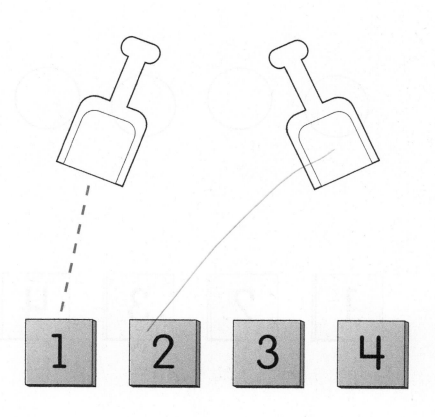

Pida a su niño o niña que empareje cada objeto con una ficha para hallar cuántos objetos hay. Guíe a su niño o niña para que trace una línea desde cada objeto a un número, comenzando en 1 y continuando en orden. Pídale que encierre en un círculo el número que muestra cuántos objetos hay en cada grupo.

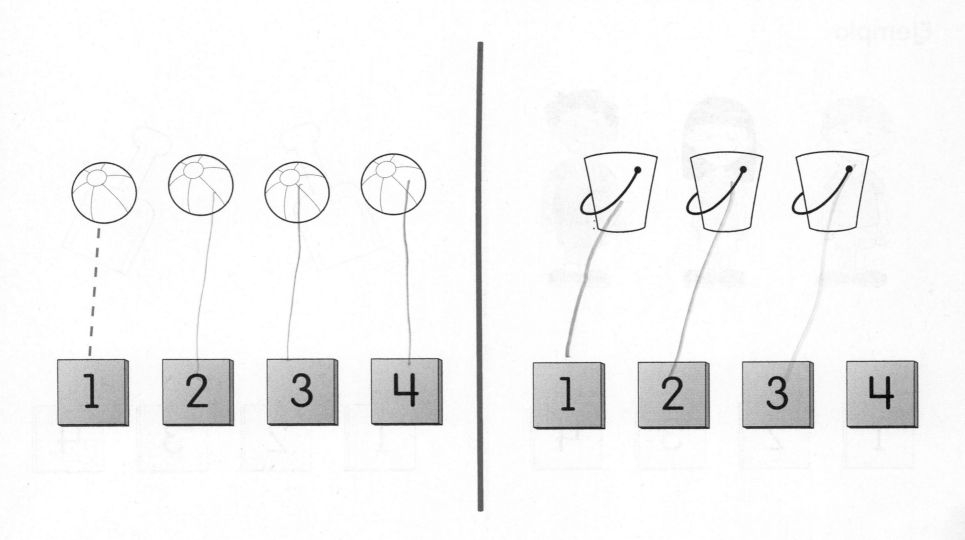

Pida a su niño o niña que empareje cada objeto con una ficha para mostrar cuántos objetos hay. Guíe a su niño o niña para que trace una línea desde cada objeto a un número, comenzando con 1 y continuando en orden. Pídale que encierre en un círculo el número que muestra cuántos objetos hay en cada grupo.

Comprende Contar

Ejemplo

Hable con su niño o niña sobre si se contaron los objetos correctamente o no. Pídale que coloree la carita sonriente si los objetos se contaron correctamente, o la cara triste si no fue así. Guíe a su niño o niña para que describa por qué se contó o no se contó correctamente.

Estimada familia:

Esta semana su niño está desarrollando destrezas para contar con los números 1, 2 y 3.

Las destrezas para contar incluyen aprender a reconocer y contar grupos de 1, 2 y 3 objetos. Un ejemplo de esto es hallar grupos de 1, 2 y 3 objetos en dibujos y en la clase. Su niño continuará mejorando la comprensión de que al contar objetos, cada número se asocia con un objeto, y el último número que se cuenta dice la cantidad total en el grupo. Él continuará investigando estrategias para llevar la cuenta de los objetos mientras cuenta, tal como señalar o tocar cada objeto.

Esta lección comienza a investigar la idea de que los números se pueden representar de varias formas. Por ejemplo, los puntos a continuación se pueden colorear en más de una manera para mostrar 3.

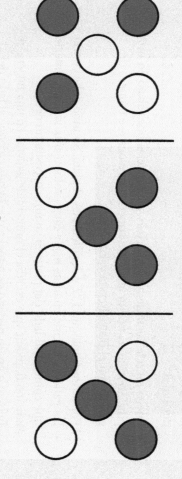

Su niño también practicará escribir los números 1, 2 y 3. Trabajar con los números 1, 2 y 3 ayudará a su niño a desarrollar una base fuerte para el éxito en matemática.

Invite a su niño a compartir lo que sabe sobre contar 1, 2 y 3 haciendo juntos la siguiente actividad.

Actividad: Contar 1, 2 y 3

Materiales: tarjetas de fichero o pedazos de papel, lápiz, plato, tazón con galletas pequeñas (u otros objetos pequeños tales como frijoles secos, monedas de 1 centavo o botones)

Use las tarjetas de fichero o pedazos de papel para hacer tarjetas numéricas para los números 1, 2 y 3.

- Pida a su niño que coloque 1, 2 o 3 galletas en el plato. Por ejemplo, diga: *Muéstrame 2 galletas.* Él deberá tomar ese número de galletas del tazón y colocarlas en el plato. Cuenten juntos las galletas en el plato para comprobar. Repita varias veces con diferentes números del 1 al 3.

- Luego mezcle las tarjetas numéricas y colóquelas boca abajo en una pila. Su niño da vuelta la tarjeta superior y coloca ese número de galletas en el plato. Repita varias veces.

- Por último, coloque 1, 2 y 3 galletas en el plato. Su niño debe contar las galletas, decirle cuántas hay y luego colocar una tarjeta numérica que coincida al lado del plato. Si su niño necesita un desafío adicional, pídale que escriba el número de galletas en una tarjeta de fichero o en un pedazo de papel y que lo que coloque al lado del plato. Repita varias veces.

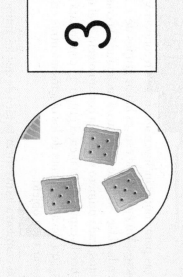

3

Cuenta 1, 2 y 3

Nombre _____

Pida a su niño o niña que coloree grupos de 1, 2 y 3 objetos. Pídale que use un color diferente para cada número. Luego pida a su niño o niña que coloree el resto del dibujo.

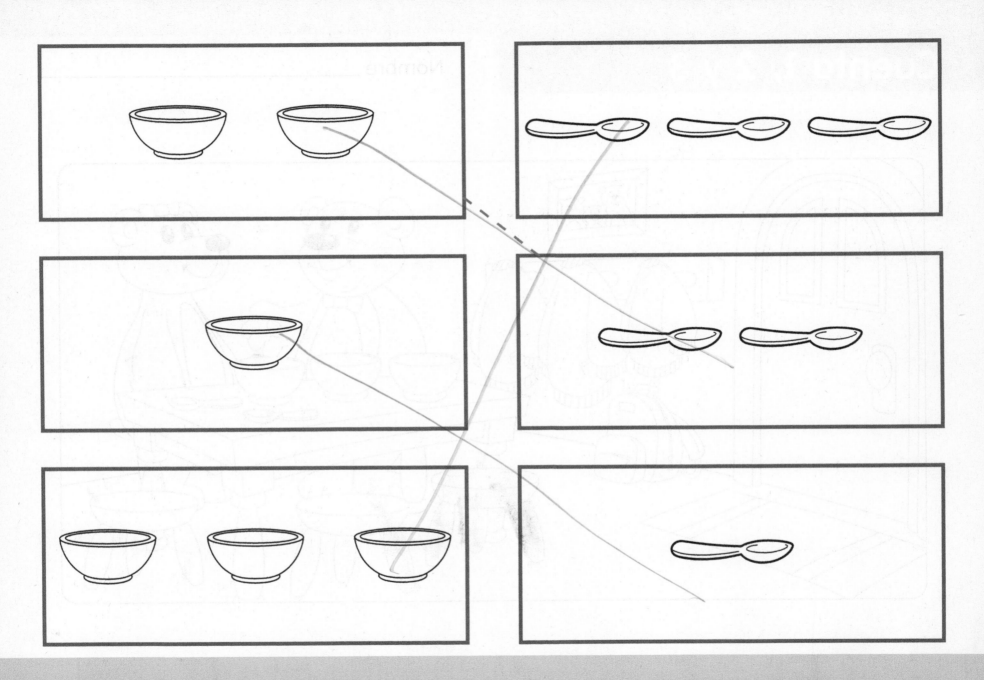

Pida a su niño o niña que cuente los objetos que hay en cada grupo. Luego pídale que trace líneas para emparejar los grupos que tienen la misma cantidad de objetos.

Cuenta 1, 2 y 3

Nombre _____

Ejemplo

 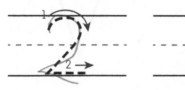 

 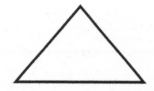 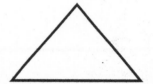

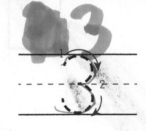 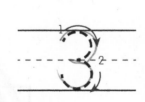

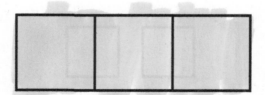 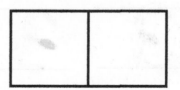

Pida a su niño o niña que trace los números y que identifique 1, 2 o 3 figuras. Pídale que trace los dos números. Luego guíelo o guíela para que coloree el grupo que tiene esa misma cantidad de figuras.

Pida a su niño o niña que practique la escritura de los números y que identifique 1, 2 o 3 figuras. Pídale que trace y luego escriba el número dado. Luego guíelo o guíela para que coloree el grupo que tiene esa misma cantidad de figuras.

Cuenta 1, 2 y 3

Nombre _____

Ejemplo

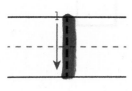 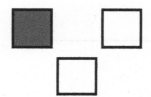 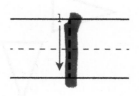 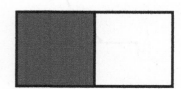

  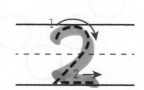 

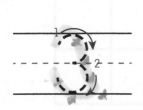  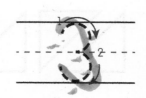 

Pida a su niño o niña que practique la escritura de los números y cómo contar figuras u objetos. Pida a su niño o niña que trace el número. Luego guíelo o guíela para que coloree esa misma cantidad de figuras u objetos.

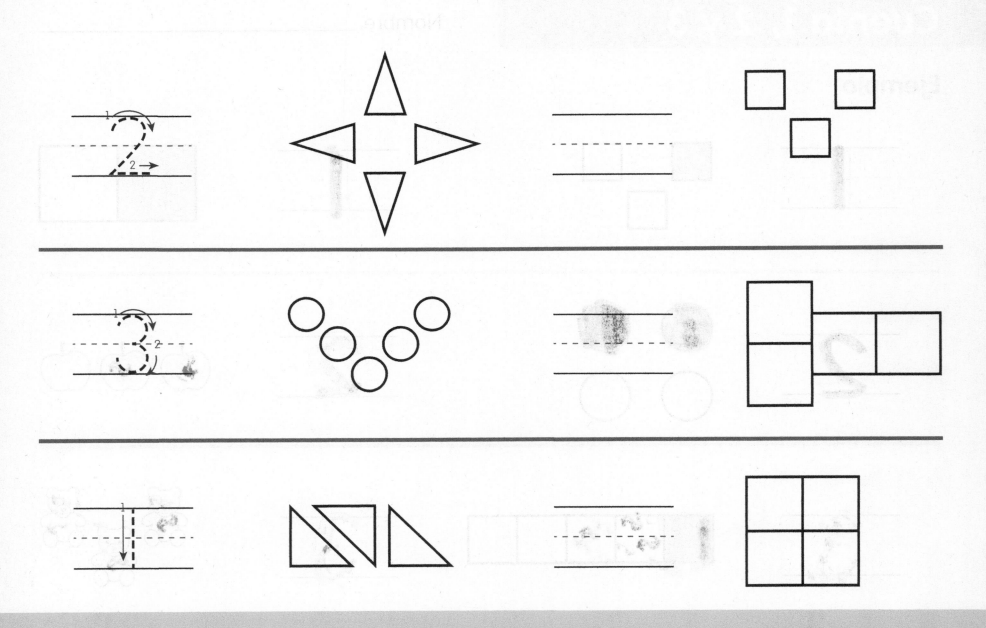

Pida a su niño o niña que practique la escritura de los números y el conteo de las figuras. Pida a su niño o niña que trace el número y luego lo escriba. Luego guíelo o guíela para que coloree esa misma cantidad de figuras. Pídale que coloree 2 figuras en cada grupo de la primera fila, 3 en la del medio y 1 en la de abajo.

Estimada familia:

Esta semana su niño está desarrollando destrezas para contar con el número 4.

Esta destreza incluye aprender a reconocer y contar grupos de 4 objetos en varias ordenaciones. Por ejemplo, 4 puntos se pueden ordenar en una sola fila o en 2 filas de 2 puntos.

Su niño también investigará las diferentes maneras en las que se pueden contar 4 objetos y comenzará a pensar sobre 4 en relación con otros números. Por ejemplo, las 4 flores a continuación se pueden contar de izquierda a derecha, de derecha a izquierda o como un grupo de 2 y otro grupo de 2. Al investigar las varias maneras en las que se puede contar 4 y cómo 4 se relaciona con otros números, su niño comenzará a prepararse para sumar y restar, lo cual será un enfoque más adelante en el año.

4 flores

Esta lección incluye práctica para escribir el número 4.

Invite a su niño a compartir lo que sabe sobre contar hasta 4 objetos haciendo juntos la siguiente actividad.

CONTINÚA

Materiales: platos, tazas, servilletas, cucharas, tenedores (al menos 5 de cada uno)

Diga a su niño que va a simular que 4 personas cenarán juntas. Pida a su niño que lo guíe para poner la mesa, alentándolo a que se enfoque en el número 4 y cuente 4 objetos.

Haga preguntas como: *¿Cuántos platos necesitamos? ¿Cómo sabes que hay 4 tazas? ¿Puedes contar 4 cucharas y ponerlas al lado de los tenedores?* Cuando termine de poner la mesa, pida a su niño que cuente los objetos para asegurarse de que hay 4 de cada uno.

Luego diga a su niño que esta vez 2 personas cenarán juntas. Pida a su niño que lo guíe para volver a poner la mesa para 2 personas. Haga preguntas para ayudar a su niño a que se enfoque en el número 2. Cuando la mesa esté lista, pida a su niño que cuente los objetos para asegurarse de que hay 2 de cada uno. Quizás quiera repetir la actividad poniendo la mesa para 3 personas o 1 persona.

Durante el día, señale otros objetos que estén en grupos de 1, 2, 3 o 4. Por ejemplo, pregunte cuántos picaportes hay en la puerta o cuántos zapatos tiene puestos su niño. Pida a su niño que cuente 3 cajones en un tocador. Señale 4 ruedas en un auto de juguete, y así sucesivamente.

Cuenta 4

Nombre _____

Ejemplo

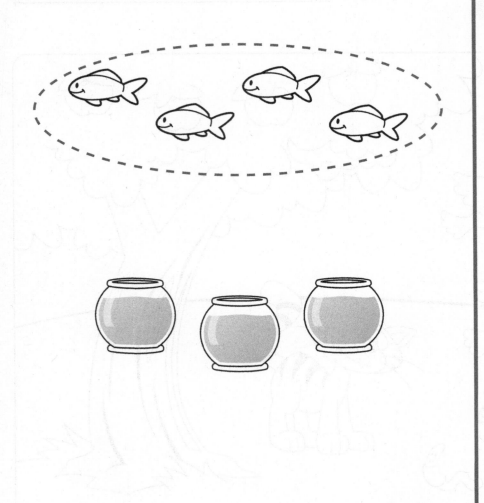

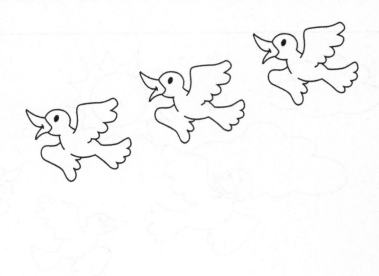

Cuenta 4

Nombre _____

Ejemplo

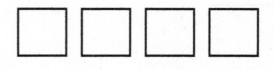

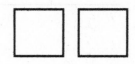

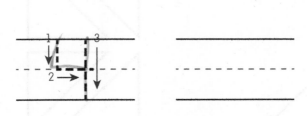

Pida a su niño o niña que practique la escritura del número 4 y que halle grupos de 4 objetos. Pida a su niño o niña que trace y luego escriba el número 4. Guíelo o guíela para que coloree el grupo de 4 objetos en cada problema, como se muestra en el ejemplo.

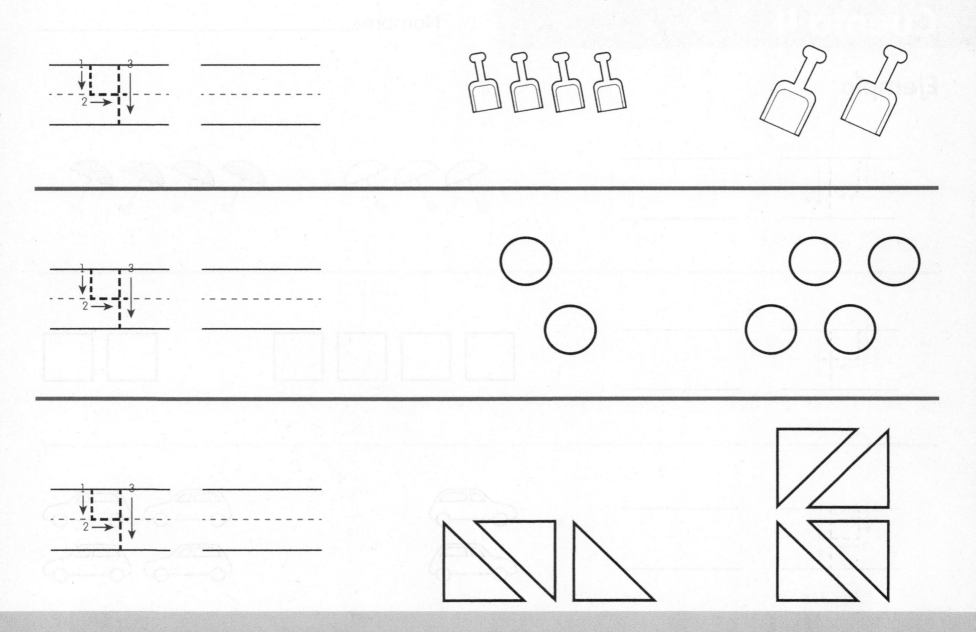

Pida a su niño o niña que practique la escritura del número 4 y halle grupos de 4 objetos. Pida a su niño o niña que trace y luego escriba el número 4. Guíelo o guíela para que coloree el grupo de 4 objetos en cada problema.

Cuenta 4

Nombre _____

Ejemplo

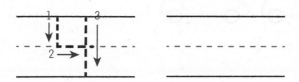 

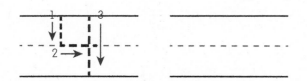 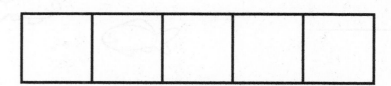

 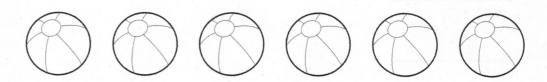

Pida a su niño o niña que practique la escritura del número 4 y cuente 4 figuras u objetos. Pida a su niño o niña que trace y luego escriba el número 4. Guíelo o guíela para que coloree 4 figuras u objetos en cada problema como se muestra en el ejemplo.

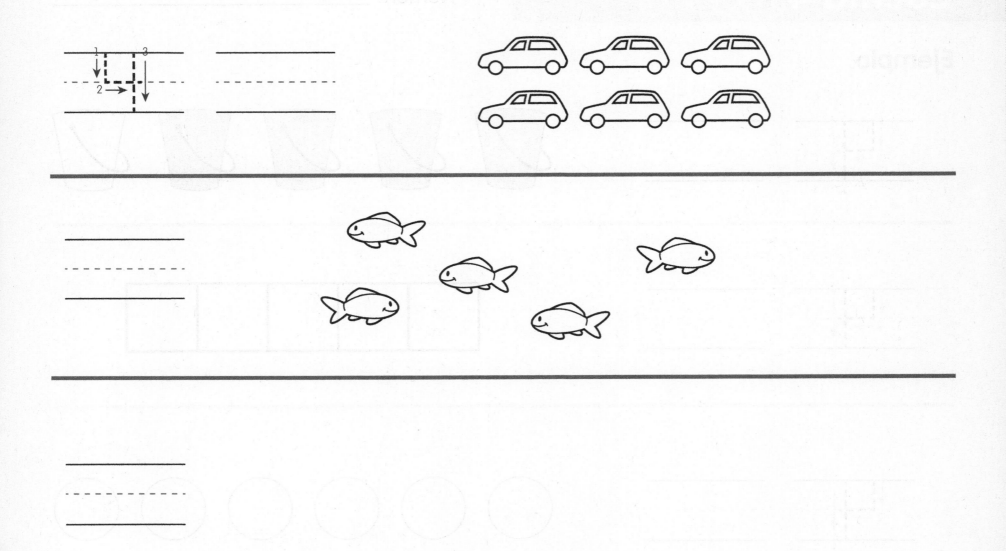

Pida a su niño o niña que escriba 4, cuente 4 y dibuje 4. Pida a su niño o niña que en la primera fila trace y escriba el número 4 y luego coloree 4 objetos. Pídale que en la fila del medio escriba el número 4 y coloree 4 objetos. Pídale que en la última fila escriba el número 4 y haga un dibujo que muestre 4 objetos.

Estimada familia:

Esta semana su niño está desarrollando destrezas para contar con el número 5.

Esta destreza incluye aprender a reconocer y contar grupos de 5 objetos en dibujos y en la clase. Apoyándose en las lecciones previas, su niño investigará cómo 5 se relaciona con otros números. Por ejemplo, 5 es más que 4, y se puede mostrar 5 como grupos de 4 objetos y 1 objeto, o grupos de 3 objetos y 2 objetos. Comprender la cantidad 5 y cómo se relaciona con otros números ayudará a su niño a prepararse para el trabajo futuro con números mayores.

Otra estrategia útil es usar los dedos para contar grupos de 5, levantando un dedo por vez mientras cuenta hasta que todos los dedos de una mano estén levantados.

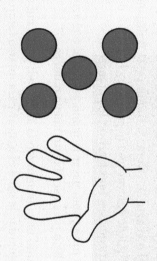

Esta lección incluye práctica para escribir el número 5.

Invite a su niño a compartir lo que sabe sobre contar 5 haciendo juntos la siguiente actividad.

CONTINÚA

Materiales: recipiente plástico poco profundo con tapa o una bandeja para hornear poco profunda, $\frac{1}{2}$ a 1 taza de sal o azúcar, papel de color (opcional)

En esta actividad su niño usará su dedo para practicar escribir los números 1 a 5 en una capa de sal o azúcar.

- Vierta $\frac{1}{2}$ a 1 taza de sal o azúcar en un recipiente plástico poco profundo o una bandeja de hornear poco profunda.

- Esparza la sal o el azúcar en una fina capa.

- Pida a su niño que use su dedo para practicar escribir los números 1 a 5 en la sal o el azúcar. (Nota: Si su niño está trabajando en una mesa blanca, puede colocar una hoja de papel de color debajo del recipiente para que sea más fácil ver los números.)

- Muestre a su niño cómo pasar la mano por la sal o el azúcar cada vez que esté listo para escribir un nuevo número.

- Cuando su niño haya terminado la actividad, puede cubrir el recipiente y guardar la sal o el azúcar para un uso futuro con la misma actividad.

Cuenta 5

Nombre _____

Pida a su niño o niña que coloree de azul grupos de 5 objetos similares. Luego pida a su niño o niña que coloree el resto del dibujo usando diferentes colores. Por último, pídale que encierre en un círculo el número 5 que está en el dibujo.

Ejemplo

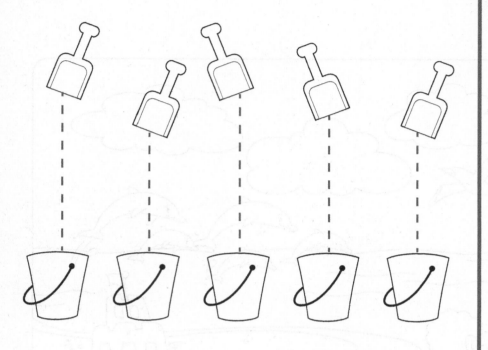

Pida a su niño o niña que cuente y trace líneas para emparejar objetos. Pida a su niño o niña que trace una línea para conectar cada pala con un balde. Anime a su niño o niña a contar mientras traza cada línea. Luego pídale que conecte cada niño o niña con una concha de mar y que cuente mientras traza cada línea.

Cuenta 5

Nombre _____

Ejemplo

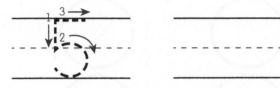 _____

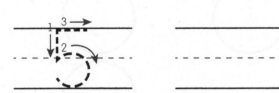 _____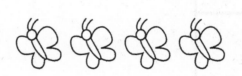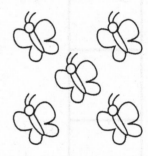

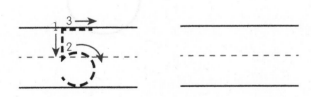 _____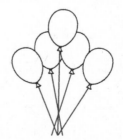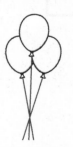

Pida a su niño o niña que practique la escritura del número 5 y halle grupos de 5 objetos. Pida a su niño o niña que trace y luego escriba el número 5. Guíelo o guíela para que coloree el grupo de 5 objetos en cada problema, como se muestra en el ejemplo.

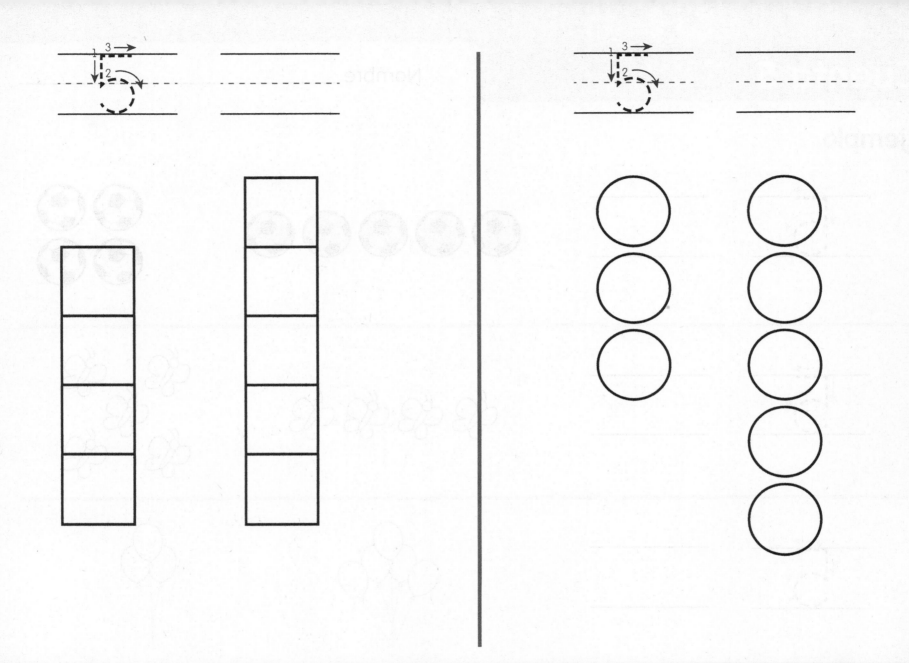

Cuenta 5

Ejemplo

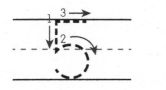 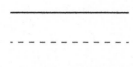

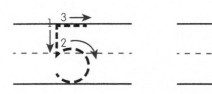

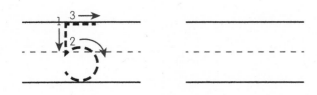

Pida a su niño o niña que practique la escritura del número 5 y cuente 5 objetos. Pida a su niño o niña que trace y luego escriba el número 5. Guíelo o guíela para que coloree 5 objetos de cada problema, como se muestra en el ejemplo.

Pida a su niño o niña que trace y que escriba 5, cuente 5 y dibuje 5. Pida a su niño o niña que en el lado izquierdo trace y escriba el número 5 y luego coloree 5 manzanas. Pídale que en el lado derecho escriba el número 5 y luego haga un dibujo para mostrar 5 objetos.

32   **Lección 4 Cuenta 5**   ©Curriculum Associates, LLC   Se prohíbe la reproducción.

Estimada familia:

Esta semana su niño está aprendiendo a comparar dentro de 5.

Esta lección incluye comparar grupos de hasta 5 objetos. Por ejemplo, su niño puede comparar un grupo de 3 sombreros y un grupo de 4 bloques para hallar que hay más bloques. Comparar grupos de objetos para hallar cuál tiene más y cuál tiene menos ayuda a preparar a su niño para comparar los números reales en el futuro. Esto también los prepara para trabajo futuro para saber cuántos más o cuánto menos hay en un grupo que en otro. Estas son importantes destrezas matemáticas y del mundo real.

Su niño investigará varias estrategias para comparar, tal como poner en fila los grupos de objetos que se comparan en filas separadas para ver cuál de los grupos tiene más objetos y cuál tiene menos objetos. Otra estrategia incluye tachar un objeto de cada grupo hasta que un grupo no tenga más objetos para tachar. O que su hijo pueda reconocer cuál de los grupos tiene más con solo mirarlos.

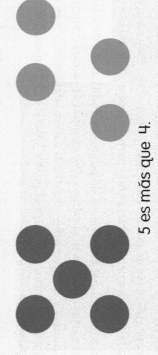

5 es más que 4.

Invite a su niño a compartir lo que sabe sobre comparar dentro de 5 haciendo juntos la siguiente actividad.

CONTINÚA

Materiales: 2 grupos de cartas de puntos dibujando 1 a 5 puntos en cada una de las tarjetas de fichero o pedazos de papel (debe haber dos cartas para cada número)

Diga a su niño que va a practicar comparar números jugando a dos juegos: "Ve por más" y "Ve por menos".

- Para jugar a "Ve por más", usted y su niño toman cada uno un grupo de cartas de puntos barajadas y boca abajo. Para cada ronda, cada uno da vuelta la carta en la parte superior de su pila.

- Su niño compara el número de puntos en cada carta y dice cuál de las cartas muestra más puntos. Por ejemplo, si su carta muestra 4 puntos y la de su niño muestra 2, su niño debe decir, "4 es más que 2". Si la carta muestra el mismo número de puntos, den vuelta la siguiente carta.

- La persona que haya dado vuelta la tarjeta de puntos que muestra más obtiene 1 punto. Jueguen hasta que alguno obtenga 10 puntos.

- Luego juegue "Ve por menos". En este juego, su niño dice cuál de las cartas de puntos muestra menos. Por ejemplo, "2 es menos que 4". Esta vez, la persona cuya carta de puntos muestra menos obtiene 1 punto.

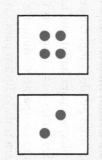

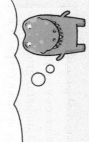

4 es más que 2.

Compara hasta 5

Nombre _____

Pida a su niño o niña que halle un grupo de más de 4 objetos similares y coloree estos objetos de verde. Luego pídale que halle un grupo de menos de 4 objetos similares y que coloree esos objetos de anaranjado. Pida a su niño o niña que coloree el resto del dibujo usando diferentes colores.

Ejemplo

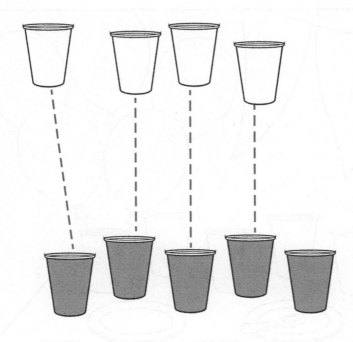

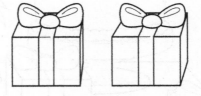

Pida a su niño o niña que trace líneas para emparejar objetos. Hágale notar a su niño o niña que en el problema del ejemplo hay más tazas sombreadas que tazas blancas. Pídale que en el problema del lado derecho trace líneas para emparejar objetos y luego coloree el grupo que tiene más regalos.

36   Lección 5 Compara hasta 5   ©Curriculum Associates, LLC   Se prohíbe la reproducción.

Compara hasta 5

Nombre _____

Ejemplo

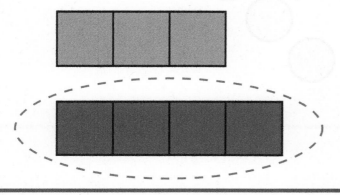

3

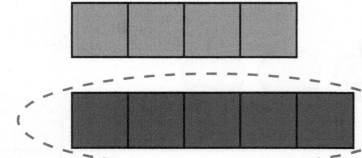

4   5

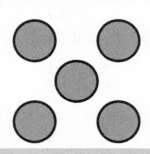   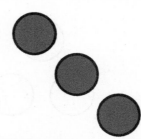

5   3

Pida a su niño o niña que compare los dos grupos de figuras y que encierre en un círculo el grupo que tiene más. Luego pida a su niño o niña que encierre en un círculo el número que es mayor.

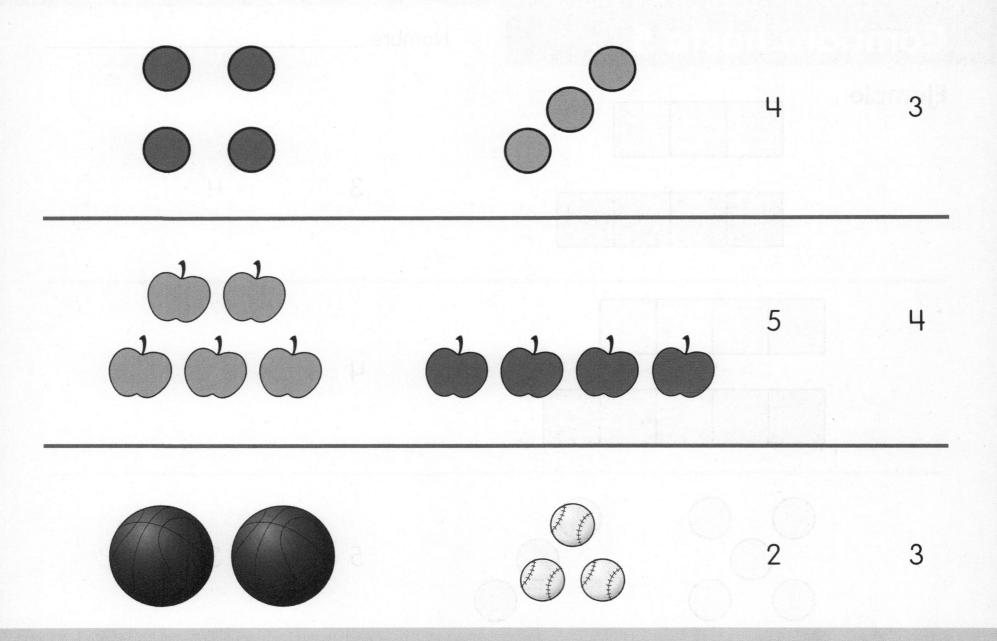

4   3

5   4

2   3

Compara hasta 5

Ejemplo

¿Cuál es menor?

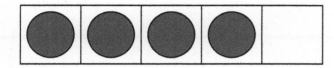   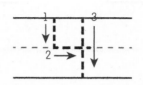   o

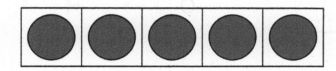   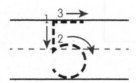   o   2

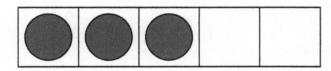   o   5

   o   3

Pida a su niño o niña que cuente cuántas fichas se muestran y escriba ese número. Pida a su niño o niña que compare el número que escribió con el número de la derecha. Pídale que encierre en un círculo el número que es menor, como se muestra en el ejemplo.

_____

_____   o   2

_____

_ _ _ _ _ _ _ _   o   4

_____

_____

_ _ _ _ _ _ _ _   o   3

_____

_____

_ _ _ _ _ _ _ _   o   5

_____

Pida a su niño o niña que cuente cuántas fichas se muestran y escriba ese número. Pida a su niño o niña que compare el número que escribió con el número de la derecha. Pídale que encierre en un círculo el número que es menor.

Estimada familia:

Esta semana su niño está aprendiendo a hallar los números que forman 3, 4 y 5.

Se puede pensar en los números como combinaciones hechas a partir de otros números. Por ejemplo, 4 se forma con 1 y 3, 2 y 2 o 3 y 1. Pensar en los números de esta manera ayudará a su niño a prepararse para sumar y restar números. Por ejemplo, saber que 1 y 3 forman 4 establece las bases para resolver 1 + 3 = 4. Las maneras de formar 3, 4 y 5 se encuentran a continuación.

Maneras de formar 3	Maneras de formar 4	Maneras de formar 5
1 y 2	1 y 3	1 y 4
2 y 1	2 y 2	2 y 3
	3 y 1	3 y 2
		4 y 1

En clase, su niño investigará maneras de formar 3, 4 y 5 usando dibujos y objetos. Por ejemplo, poner juntos cubos conectables de diferentes colores ayuda a visualizar las maneras de formar 4, como se muestra a continuación.

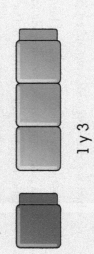

1 y 3

4

Invite a su niño a compartir lo que sabe sobre formar 3, 4 y 5 haciendo juntos la siguiente actividad.

CONTINÚA

Actividad: Formar 3, 4 y 5

Materiales: 5 objetos pequeños (tales como formas de pasta, frijoles secos, cereales, botones o clips), plato de papel y hoja de papel

Haga la siguiente actividad para ayudar a su niño a hallar maneras de formar los números 3, 4 y 5.

- Dibuje una línea hacia abajo en el centro del plato u hoja de papel.

- Dé a su niño 3 objetos pequeños. Pida a su niño que cuente los objetos y que luego los coloque en el plato u hoja de papel.

- Muestre a su niño cómo colocar los objetos en ambos lados de la línea para mostrar una manera de formar 3. Aliéntelo para que le diga cómo los objetos forman 3. Por ejemplo, si 1 objeto está del lado izquierdo y 2 objetos están del lado derecho, su niño puede decir: "1 y 2 forman 3". Luego pida a su niño que reorganice los objetos para mostrar otra manera de formar 3. Si hay dos objetos a la izquierda y 1 a la derecha, puede decir: "2 y 1 forman 3".

- Repita la actividad, comenzando con 4 objetos y luego 5 objetos. Intente hallar y describir todas las maneras de formar cada número.

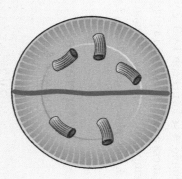

Forma 3, 4 y 5

Nombre _____

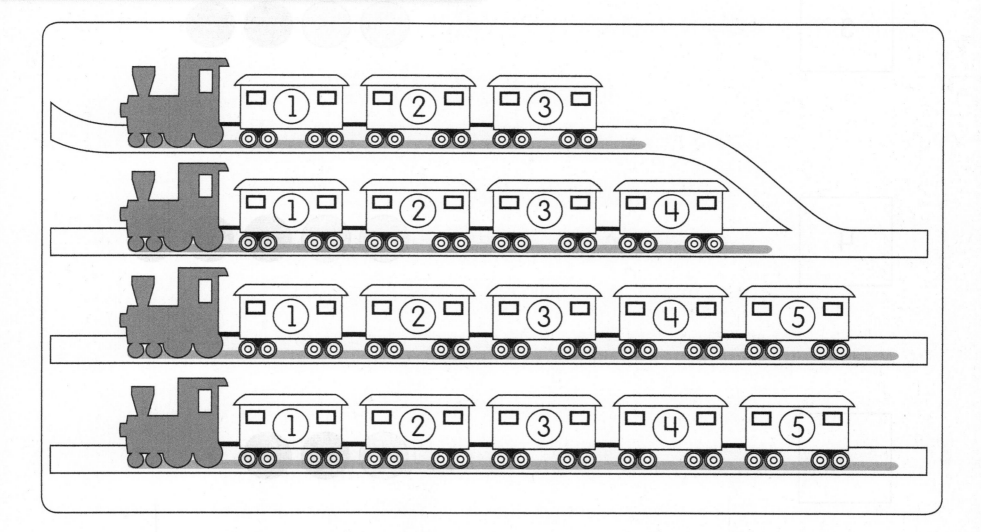

Pida a su niño o niña que coloree de verde 1 vagón del tren de arriba, 2 vagones del segundo tren y 3 vagones del tercer tren. Pídale que coloree el resto de los vagones de morado. Pídale que coloree el último tren de verde y morado para mostrar otra manera de formar un tren de 5 vagones. Anime a su niño o niña a describir los trenes con frases como: "Este tren tiene 1 vagón verde y 2 vagones morados. 1 más 2 son 3".

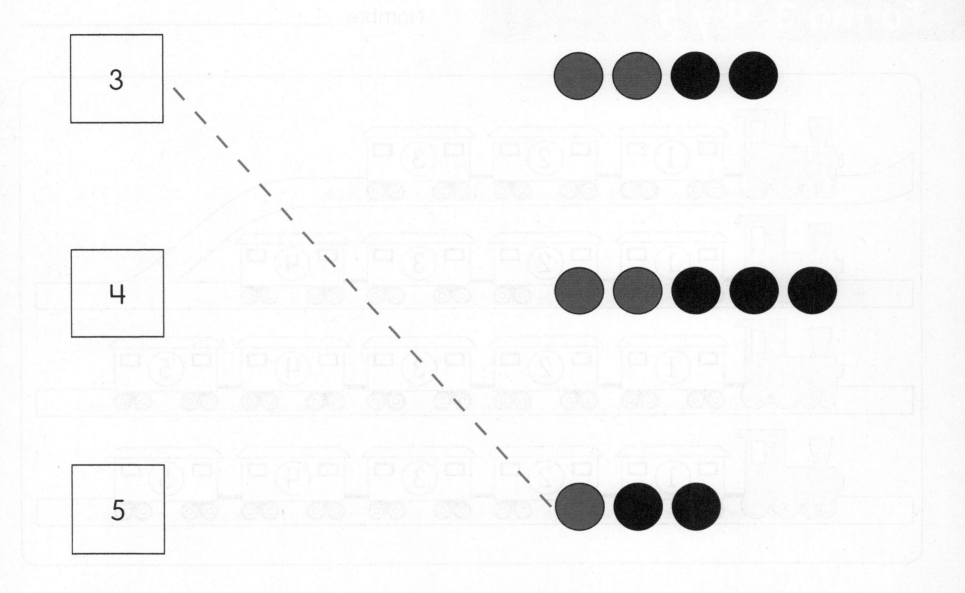

Forma 3, 4 y 5

Ejemplo

3

4

5

Pídale a su niño o niña que use dos colores para mostrar dos maneras diferentes de formar el número que está en la parte de arriba de cada problema.
En el problema del ejemplo, hágale notar que el primer grupo de casillas muestra que 1 más 2 son 3 y que el segundo grupo de casillas muestra que 2 más 1 son 3.
Luego pídale que use dos colores para mostrar maneras diferentes de formar 4 y 5.

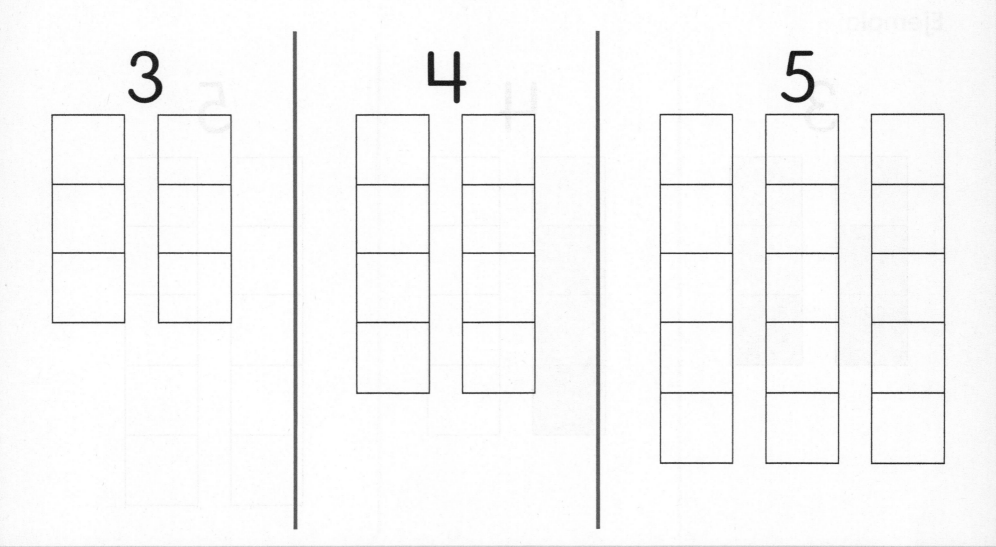

Pídale a su niño o niña que use dos colores para mostrar dos maneras diferentes de formar 3, 4 y 5. Pídale que en los primeros dos problemas muestre dos maneras diferentes de formar 3 y 4. Pídale que en el último problema muestre tres maneras diferentes de formar 5.

Forma 3, 4 y 5

Ejemplo

3

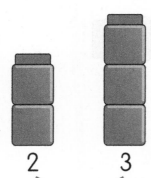

2   3

0   1

4

2   3

1   2

5

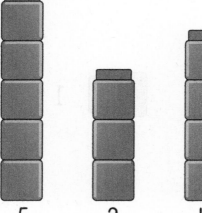

5   3   4

1   0   2

Pida a su niño o niña que trace líneas para emparejar los cubos de arriba con los de abajo para hacer trenes de 3, 4 y 5 cubos. Hágale notar que en el problema del ejemplo la casilla vacía muestra cero cubos. Pídale que diga cuáles son las parejas de números que forman cada número deseado. Por ejemplo, para decir cuáles son los pares de números en el problema del ejemplo, su niño o niña puede decir: "2 más 1 son 3; 0 más 3 son 3".

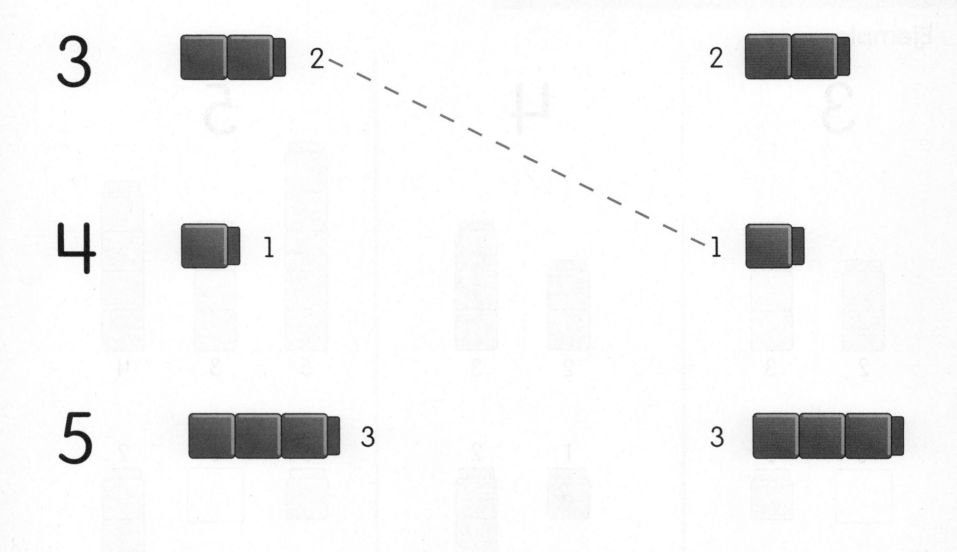

Pida a su niño o niña que trace líneas para emparejar los cubos de la izquierda con los de la derecha para hacer trenes de 3, 4 y 5. Pida a su niño o niña que diga cuáles son las parejas de números utilizados para formar cada número deseado.

Números del 1 al 5

Nombre _____

Colorea 4 △ de azul.

Colorea 5 △ de verde.

Colorea 5 △ de rojo.

¿Cuántos △ blancos hay? _____

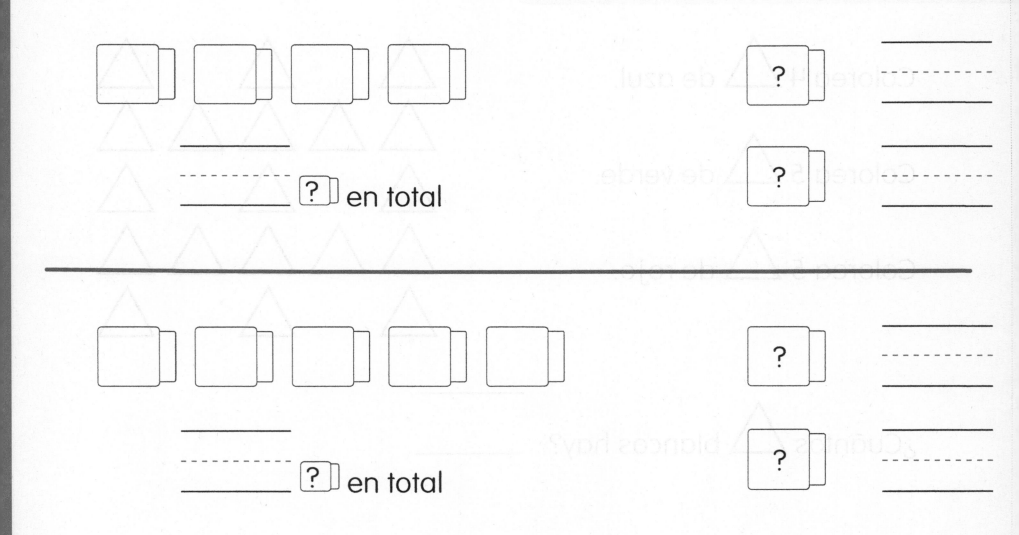

_____ ____ en total

_____ ____ en total

Lanza y cuenta

Nombre _____

1
_____
- - - - - - - - - -
_____

2
_____
- - - - - - - - - -
_____

3
_____
- - - - - - - - - -
_____

4
_____
- - - - - - - - - -
_____

5
_____
- - - - - - - - - -
_____

Materiales Para cada niño o niña: cubo numérico del 1 al 5, 15 fichas o pequeños objetos (frijoles, ositos para contar, etc.). Tablero de juego para *Lanza y cuenta*.
Se juega así Lanza el cubo numérico. Halla la casilla que tiene ese número. Escribe el número, luego pon ese número de objetos en la casilla. Pierdes un turno si la casilla ya está llena. El primer jugador en completar todas las casillas gana.

Estimada familia:

Esta semana su niño está desarrollando destrezas para contar con los números 6 y 7.

Esta estrategia incluye contar grupos de 6 y 7 objetos e investigar cómo se relacionan estos números con otros. Por ejemplo, 6 es 1 más que 5, y 7 es 1 más que 6.

Investigar cómo 6 y 7 se relacionan con otros números, en particular con el número 5, será importante para el trabajo futuro que incluye números mayores. Esto es porque agrupar objetos como 5 y algo más puede ser útil para llevar la cuenta de cantidades más grandes.

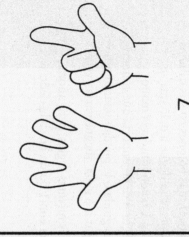

6

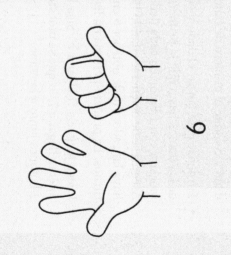

7

Su niño también practicará escribir los números 6 y 7.

Invite a su niño a compartir lo que sabe sobre contar 6 y 7 objetos haciendo juntos la siguiente actividad.

CONTINÚA

Actividad: Contar 6 y 7

Materiales: papel, lápiz, 14 objetos pequeños (tales como botones, frijoles secos o cereales), dado (o tarjetas numéricas caseras del 1 al 6)

Dibuje la mano de su niño y la suya en hojas de papel por separado. Use estos dibujos de las manos para jugar a "Llegar a 6".

- Usted y su niño deben tener cada uno 6 botones (u otros objetos pequeños). Pida a su niño que lance un dado (o dé vuelta una tarjeta numérica) y coloque ese número de botones en su dibujo de la mano, colocando 1 botón en cada dedo. Luego, lance usted el dado y coloque el número de botones en el dibujo de su mano.

- Túrnense para lanzar el dado y colocar más botones en sus dibujos de las manos hasta que la primera persona llegue a 6, lo que se muestra con 1 botón en cada dado y 1 botón junto a la mano. Asegúrese de detenerse cuando llegue a 6, no importa qué número haya lanzado. Puede obtener 6 enseguida o le puede tomar algunos turnos. La primera persona en llegar a 6 gana. Juegue varias veces.

- Luego juegue a "Llegar a 7". Siga las mismas reglas, pero ahora intente llegar a 7, lo que se muestra con 1 botón en cada dedo y 2 botones junto a la mano.

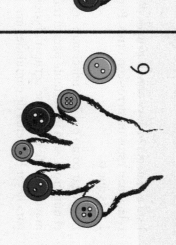

6

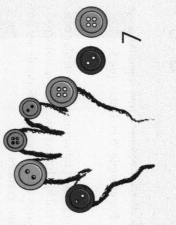

7

Cuenta 6 y 7

Nombre _____

Pida a su niño o niña que coloree de azul un grupo de 6 objetos similares. Luego pida a su niño o niña que escoja cualesquiera 7 ventanas del edificio para colorearlas de amarillo. Finalmente, pídale que coloree el resto del dibujo usando diferentes colores.

Ejemplo

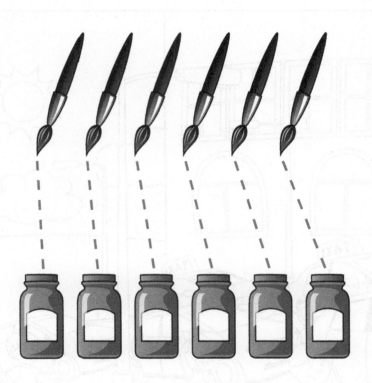

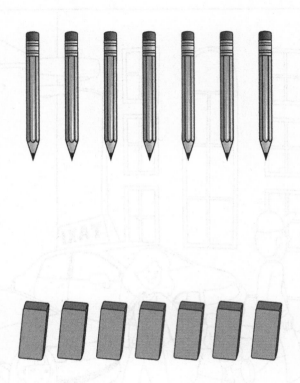

56   Lección 7 Cuenta 6 y 7

Cuenta 6 y 7

Nombre _____

Ejemplo

 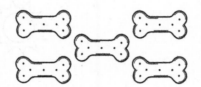 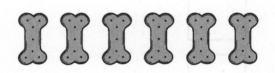

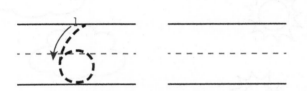  

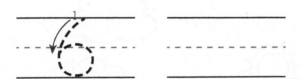 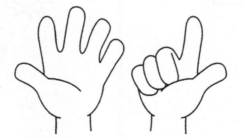 

Pida a su niño o niña que practique la escritura de 6 y 7 y halle grupos de 6 o 7 objetos. Pídale que trace y luego escriba el número al comienzo de cada problema. Guíelo o guíela para que coloree el grupo que tiene esa cantidad de objetos como se muestra en el ejemplo.

Pida a su niño o niña que practique la escritura de 6 y 7 y que halle grupos de 6 o 7 objetos. Pídale que trace y luego escriba el número al principio de cada problema. Guíelo o guíela para que coloree el grupo que tiene esa cantidad de objetos.

Cuenta 6 y 7

Ejemplo

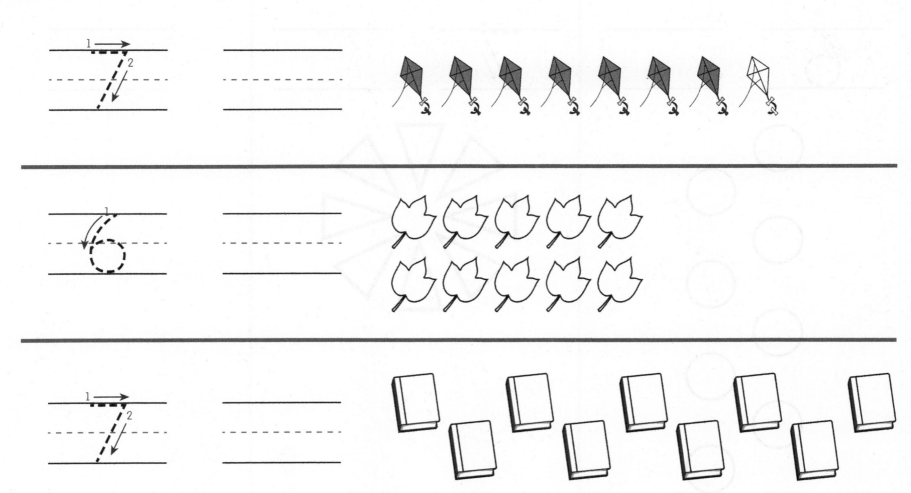

Pida a su niño o niña que practique la escritura de 6 y 7 y cuente 6 o 7 objetos. Pida a su niño o niña que trace y luego escriba el número al comienzo de cada problema. Luego guíelo o guíela para que coloree esa cantidad de objetos como se muestra en el ejemplo.

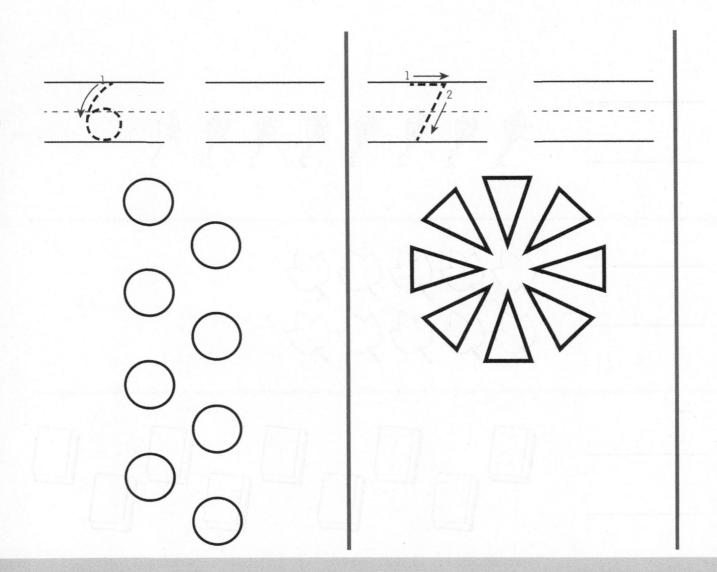

Pida a su niño o niña que practique la escritura de 6 y 7, que cuente y coloree esa cantidad de objetos y que dibuje 7 objetos. Pida a su niño o niña que en los dos primeros problemas trace y escriba el número y luego coloree esa misma cantidad de objetos. Pídale que en el último problema escriba el número 7 y que luego haga un dibujo que muestre 7 objetos.

60 **Lección 7 Cuenta 6 y 7**

Estimada familia:

Esta semana su niño está aprendiendo a hallar los números que forman 6 y 7.

Como se comentó en una carta anterior, se puede pensar en los números como hechos de combinaciones de otros números. El número 6 se puede formar con 2 y 4, 3 y 3 o 5 y 1, con los sumandos en cualquier orden.

Aprender a formar números a partir de combinaciones de otros números ayudará a su niño a prepararse para sumar y restar. Por ejemplo, saber que 2 y 4 forman 6, establece las bases para resolver $2 + 4 = 6$.

En clase, su niño mostrará diferentes maneras de formar 6 y 7 con fichas en un marco de diez. Un marco de diez es una grilla con 5 espacios en la fila superior y 5 espacios en la fila inferior. Trabajar con un marco de diez ayudará a su niño a visualizar los números como cantidades. También ayuda a mejorar la comprensión de cómo varios números se relacionan con 5 y 10, lo que será importante más adelante cuando trabajen con números mayores.

Formar 6 en un marco de diez

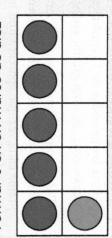

5 y 1

Formar 7 en un marco de diez

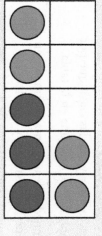

3 y 4

Invite a su niño a compartir lo que sabe sobre formar 6 y 7 haciendo juntos la siguiente actividad.

CONTINÚA

Materiales: papel, lápiz, taza, 7 monedas de 1 centavo

Ayude a su niño a encontrar maneras de formar 6 y 7 haciendo la siguiente actividad.

- Escriba "Formar 6" en la parte superior de la hoja y dibuje una tabla de dos columnas con los encabezados "Cara" y "Cruz".

- Muestre una moneda de 1 centavo a su niño y explique que el lado con la cara se llama "cara", y que el otro lado se llama "cruz".

- Coloque 6 monedas de 1 centavo en una taza. Pida a su niño que vierta las monedas de 1 centavo en la mesa y que las clasifique por cara y cruz. Su niño escribe cuántas hay de cada una en la tabla.

- Pida a su niño que coloque las monedas de un centavo otra vez en la taza y que nuevamente las vierta, las clasifique y complete la tabla cada vez que aparezca una nueva combinación de 6.

- Repita hasta que se hayan hallado todas las maneras de formar 6. Luego dibuje una nueva tabla titulada "Formar 7" y pida a su niño que haga la actividad con 7 monedas de 1 centavo.

Maneras de formar 6	
1 y 5	5 y 1
2 y 4	4 y 2
3 y 3	

Maneras de formar 7	
1 y 6	6 y 1
2 y 5	5 y 2
3 y 4	4 y 3

Formar 6

Cara	Cruz
4	2
1	5

Forma 6 y 7

Para cada grupo de objetos (osos, patos, aviones) anime a su niño o niña a colorear algunos de un color y el resto de otro color. Luego pídale que coloree las pelotas y dibuje más pelotas para mostrar un total de 7. Pídale que coloree el resto de la página.

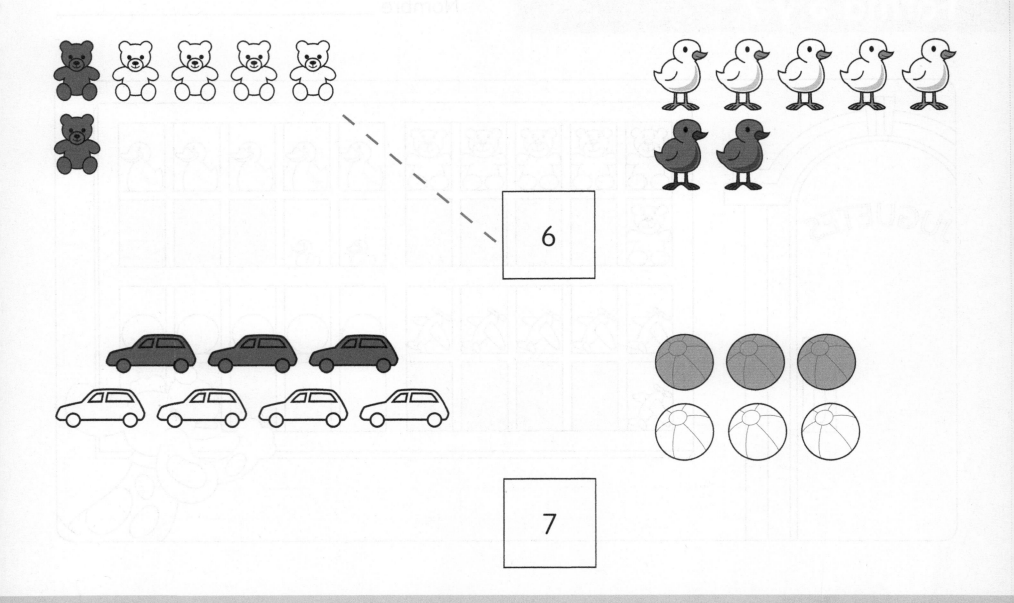

Pida a su niño o niña que trace líneas para emparejar cada número con dos grupos de objetos que muestren diferentes maneras de formar ese número.
Luego pídale que diga cómo se forma cada número. Por ejemplo, su niño o niña puede decir, "2 osos grises y 4 osos blancos forman 6".

Forma 6 y 7

Ejemplo

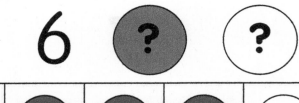

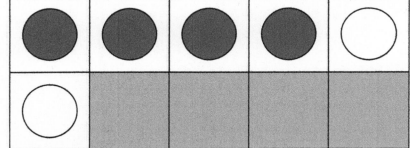

7

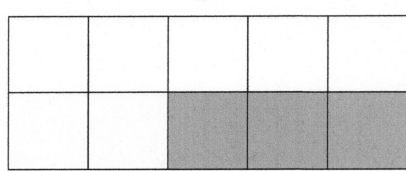

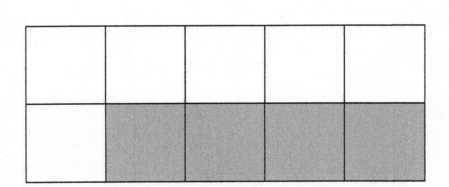

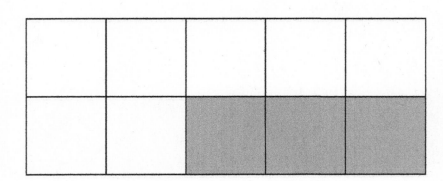

Guíe a su niño o niña para que use monedas o fichas que tengan lados diferentes para formar totales de 6 o 7. Hágale notar que en el problema del ejemplo la pareja de números muestra que 6 es 4 más 2. Luego pídale que muestre y que use dos colores para anotar una manera diferente de formar 6. Pídale que en el lado derecho muestre y anote dos maneras de formar 7.

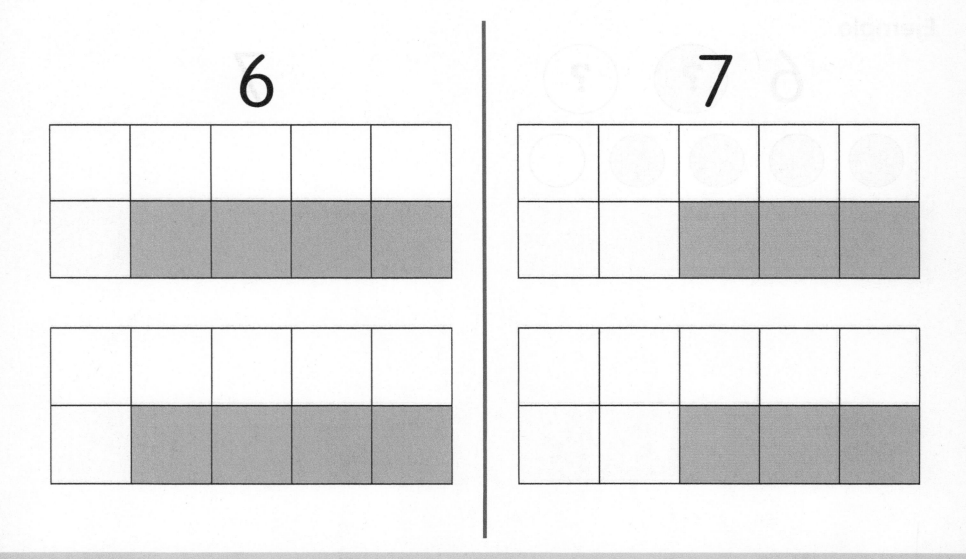

6

7

Pida a su niño o niña que use monedas o fichas que tengan lados diferentes para formar 6 o 7. Pida a su niño o niña que en los primeros tres problemas use dos colores para anotar su trabajo. Anime a su niño o niña para que en el último problema use un color para formar 7 y que diga la pareja de números que se muestra (7 y 0).

Forma 6 y 7

Ejemplo

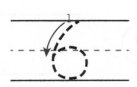

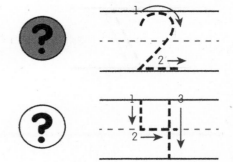

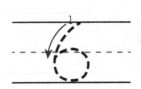

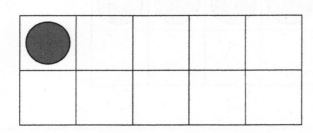

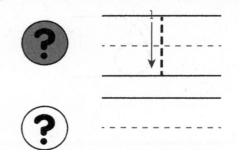

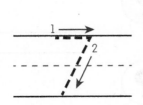

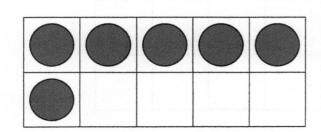

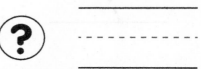

Guíe a su niño o niña para que trace los números de la izquierda y dibuje más fichas en el marco de 10 para mostrar un total de 6 o 7. Pídale que a la derecha escriba la cantidad de fichas grises y la cantidad de fichas que dibujó para formar el total.

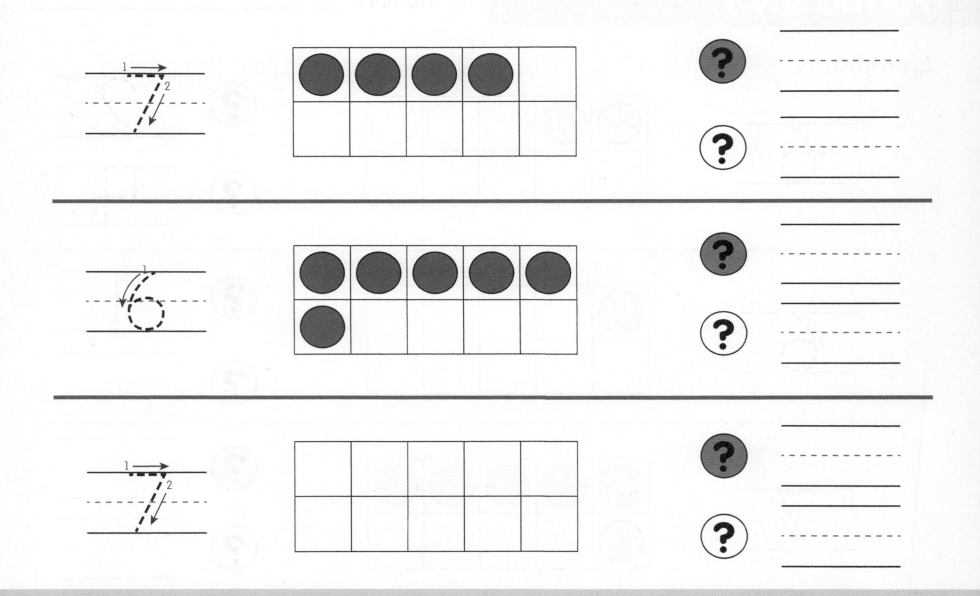

Guíe a su niño o niña para que trace los números de la izquierda y para que dibuje más fichas en los marcos de 10 (si es necesario) para mostrar un total de 6 o 7. Pídale que en las dos primeras filas escriba la cantidad de fichas grises que se muestran y la cantidad de fichas que dibujó para formar el total. Pídale que en la última fila dibuje fichas de dos colores para mostrar otra manera de formar 7 y que escriba la pareja de números.

Estimada familia:

Esta semana su niño está desarrollando destrezas para contar con los números 8 y 9.

La lección incluye práctica para contar 8 y 9 objetos. Siguen siendo importantes las estrategias para llevar la cuenta de lo que se ha contado, especialmente cuando se cuentan estos grupos más grandes. Por ejemplo, tocar o señalar cada objeto u objetos en un dibujo o marcar cada objeto a medida que se cuenta son maneras de asegurarse de que no se ha omitido ningún elemento.

Basándose en lecciones anteriores, su niño también investigará cómo 8 y 9 se relacionan con otros números. Por ejemplo, los dibujos muestran cómo 8 y 9 se relacionan visualmente con 5 y 10. Esto ayudará a prepararse para trabajar más adelante con números mayores.

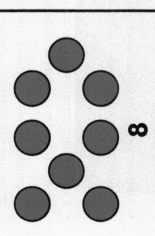

8

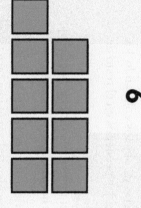

9

Su niño practicará escribir los números 8 y 9 y continuará practicando contar grupos de 1 a 7 objetos para que cada nuevo número se pueda relacionar con aquellos ya aprendidos.

Invite a su niño a compartir lo que sabe sobre contar hasta 9 haciendo juntos la siguiente actividad.

CONTINÚA

Materiales: 18 tarjetas de fichero (o pedazos de papel), lápices o crayones, pequeñas calcomanías (opcional)

Para repasar contar y escribir los números 1 a 9, ayude a su niño a hacer las tarjetas descritas a continuación y luego úselas para jugar un juego de memoria.

- Pida a su niño que haga tarjetas numéricas escribiendo los números 1 a 9 en tarjetas de fichero (o pedazos de papel). Use lápiz o crayón para que los números no se vean a través de los reversos de las tarjetas.

- Muestre a su niño cómo hacer tarjetas de objetos colocando 1 a 9 calcomanías o haciendo 1 a 9 dibujos pequeños en el resto de las tarjetas.

- Cuando haya terminado, coloque el número de tarjetas boca abajo en una fila y las tarjetas de objetos boca abajo en otra fila.

- El primer jugador da vuelta una tarjeta de cada fila. Si la tarjeta numérica y la tarjeta de objetos coinciden (tal como una tarjeta con el número 8 y una tarjeta con 8 calcomanías o dibujos), el jugador se queda con ambas tarjetas. Si no coinciden, el jugador pone boca abajo las tarjetas otra vez.

- El siguiente jugador da vuelta dos tarjetas para intentar encontrar una coincidencia. Juegue hasta que se hayan encontrado todas las coincidencias.

Cuenta 8 y 9

Nombre _____

Pida a su niño o niña que coloree un grupo de 8 objetos similares. Luego pídale que use un color diferente para colorear un grupo de 9 objetos similares. Pida a su niño o niña que coloree el resto del dibujo.

Pida a su niño o niña que cuente y que trace líneas para emparejar objetos. Pídale que conecte cada paraguas con un niño o niña. Anime a su niño o niña a que cuente mientras traza cada línea y que diga la cantidad total de líneas que trazó. Luego pídale que conecte cada niño o niña con un sombrero para la lluvia y que cuente mientras traza cada línea.

Cuenta 8 y 9

Nombre _____

Ejemplo

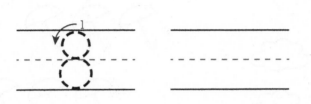
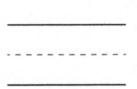
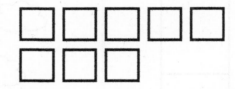

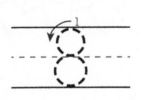
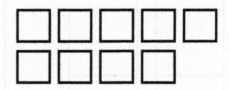

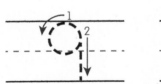
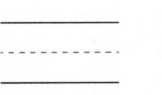
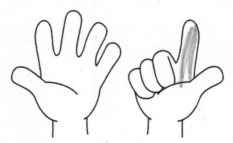
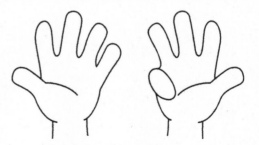

Pida a su niño o niña que practique la escritura de 8 y 9 y halle grupos de 8 o 9 objetos. Pida a su niño o niña que trace y escriba el número que está al comienzo de cada problema. Luego pídale que coloree el grupo que tiene la cantidad correcta de figuras u objetos.

Pida a su niño o niña que practique la escritura de 8 y 9 y que halle grupos de 8 o 9 objetos. Pida a su niño o niña que trace y escriba el número que está al comienzo de cada problema. Luego pídale que coloree el grupo que tiene la cantidad correcta de figuras u objetos.

Cuenta 8 y 9

Nombre _____

Ejemplo

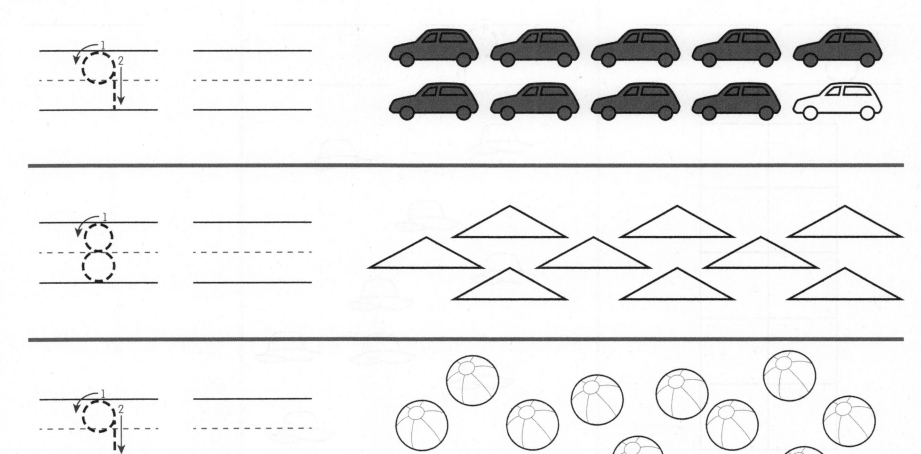

Pida a su niño o niña que practique la escritura de 8 y 9 y cuente 8 o 9 objetos. Pida a su niño o niña que trace y luego escriba el número que está al comienzo de cada problema. Luego pídale que coloree esa cantidad de objetos.

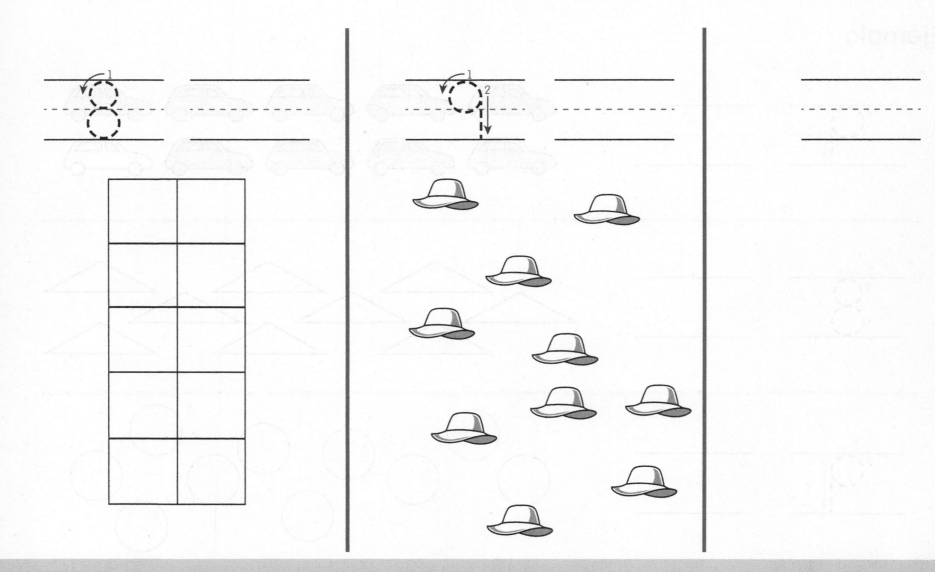

Pida a su niño o niña que practique la escritura de 8 y 9, que cuente y coloree esa cantidad de objetos y que dibuje 9 objetos. Pida a su niño o niña que en los dos primeros problemas trace y escriba el número y luego coloree esa cantidad de figuras u objetos. Pídale que en el último problema escriba el número 9 y que luego haga un dibujo que muestre 9 objetos.

Estimada familia:

Esta semana su niño está aprendiendo a hallar los números que forman 8 y 9.

Como se comentó en cartas anteriores, los números se pueden formar con combinaciones de otros números. En esta lección se usan dibujos y marcos de diez para investigar las diferentes maneras de formar 8 y 9.

Usar marcos de diez ayudará a su niño a visualizar los números que forman 8 y 9, así como ayudará a mejorar la comprensión de cómo 8 y 9 se relacionan con 5 y 10. Por ejemplo, 8 es 5 y 3 más, 9 es 1 menos que 10. Poder relacionar rápidamente números con 5 y 10 ayudará a su niño a tener éxito más adelante con números mayores y con la suma y la resta.

Maneras de formar 8	
1 y 7	7 y 1
2 y 6	6 y 2
3 y 5	5 y 3
4 y 4	

Maneras de formar 9	
1 y 8	8 y 1
2 y 7	7 y 2
3 y 6	6 y 3
4 y 5	5 y 4

Formar 8 en un marco de diez

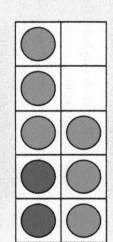

2 y 6

Formar 9 en un marco de diez

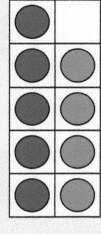

5 y 4

Invite a su niño a compartir lo que sabe sobre formar 8 y 9 haciendo juntos la siguiente actividad.

CONTINÚA

Materiales: 18 objetos pequeños en dos colores (9 de cada color tales como botones, cuentas, frijoles secos, bloques pequeños, monedas de un centavo, monedas de 5 centavos), bolsa de papel u otro recipiente, marco de diez (se provee a continuación)

Ayude a su niño a practicar cómo hallar maneras para formar 8 y 9.

- Coloque 16 objetos en una bolsa de papel. Asegúrese de que haya 8 objetos de cada color.

- Pida a su niño que saque 8 objetos de la bolsa. Después de que haya contado para comprobar que hay 8 objetos, su niño clasifica los objetos por color en dos grupos.

- Luego pida a su niño que coloque los objetos en el marco de diez, comenzando por la parte superior izquierda y manteniendo juntos los objetos del mismo color.

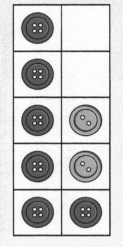

- Su niño usa los objetos en el marco de diez para decirle una manera en que se forma 8. Por ejemplo, usando el marco de diez de arriba, su niño puede decir: "6 y 2 forman 8".

- Después de hacer la actividad varias veces, agregue 1 objeto más de cada color a la bolsa y pida a su niño que encuentre maneras de formar 9.

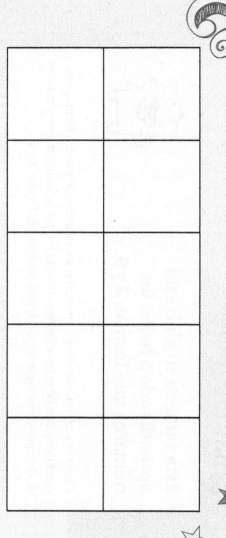

Forma 8 y 9

Pídale a su niño o niña que use dos colores diferentes para colorear un grupo de 8 objetos similares. Luego pídale que use dos colores diferentes para colorear un grupo de 9 objetos similares. Pídale que coloree el resto de la página.

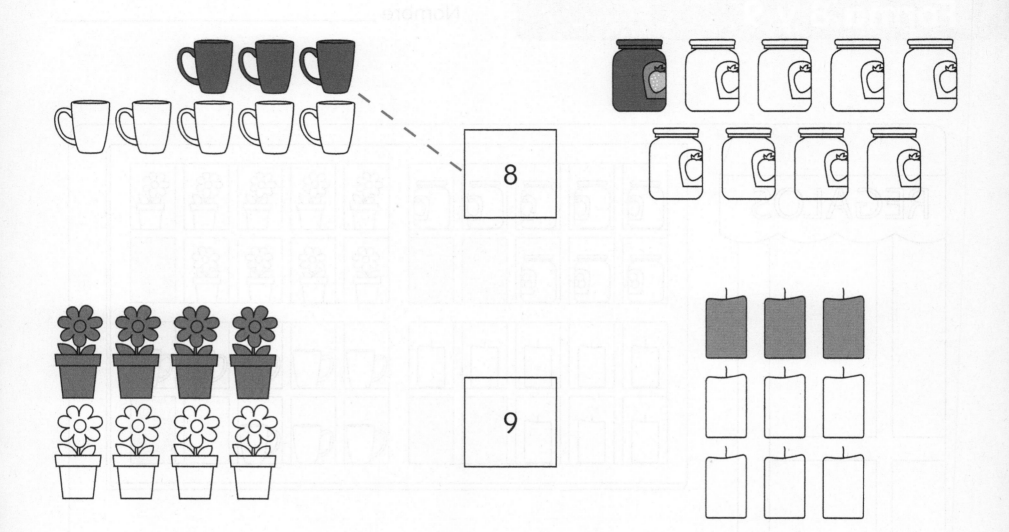

Pida a su niño o niña que empareje cada número con dos grupos de objetos que muestren diferentes maneras de formar ese número. Luego pídale que diga cómo se forma cada número. Por ejemplo, su niño o niña puede decir: "3 tazas grises y 5 tazas blancas forman 8".

Forma 8 y 9

Ejemplo

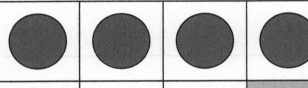

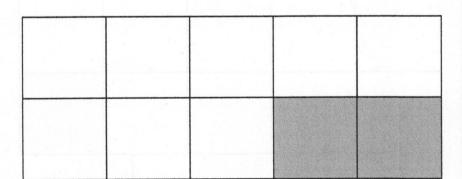

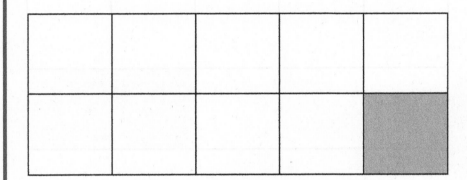

Guíe a su niño o niña para que forme 8 y luego 9 usando monedas o fichas que sean diferentes de cada lado. Hágale notar que en el problema del ejemplo, la pareja de números que se muestra para formar 8 es 6 y 2. Luego pídale que muestre y que use dos colores para anotar una manera diferente de formar 8. Pida a su niño o niña que a la derecha muestre y anote dos maneras de formar 9.

8

9

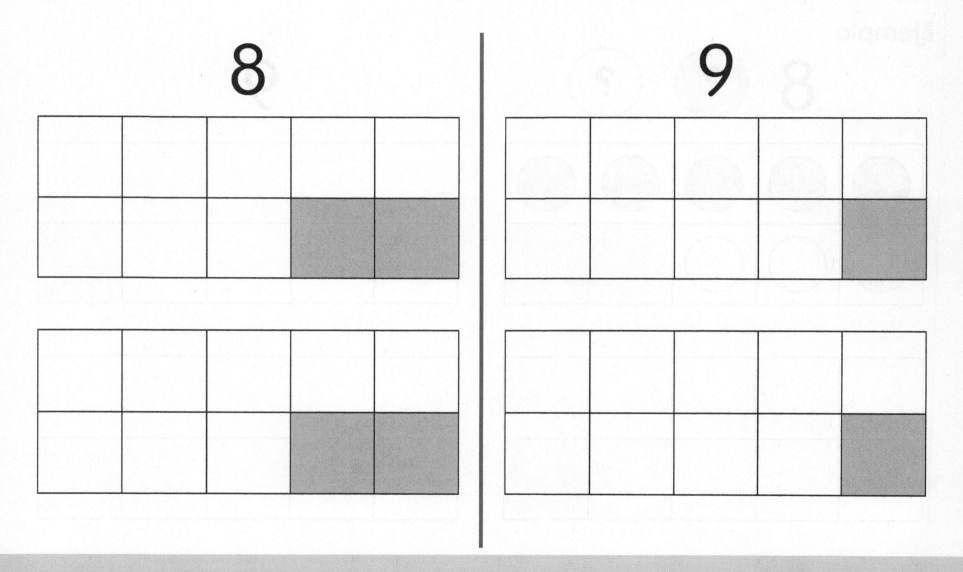

Guíe a su niño o niña para que forme 8 y luego 9 usando monedas o fichas que sean diferentes de cada lado. Pídale que en los primeros tres problemas use dos colores para anotar su trabajo. Estimule a su niño o niña para que en el último problema use un color para formar 9 y que le diga la pareja de números que se muestra (9 y 0).

Forma 8 y 9

Nombre _____

Ejemplo

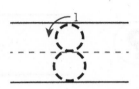

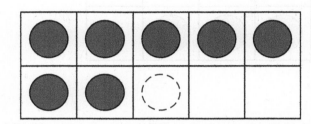

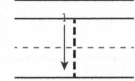

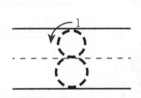

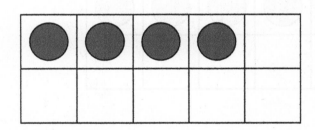

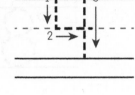

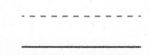

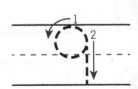

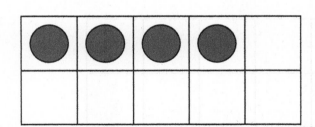

Guíe a su niño o niña para que trace los números de la izquierda y que dibuje más fichas en los marcos de 10 para mostrar un total de 8 o 9. Pídale que a la derecha escriba la cantidad de fichas grises que se muestran y la cantidad de fichas que dibujó para formar el total.

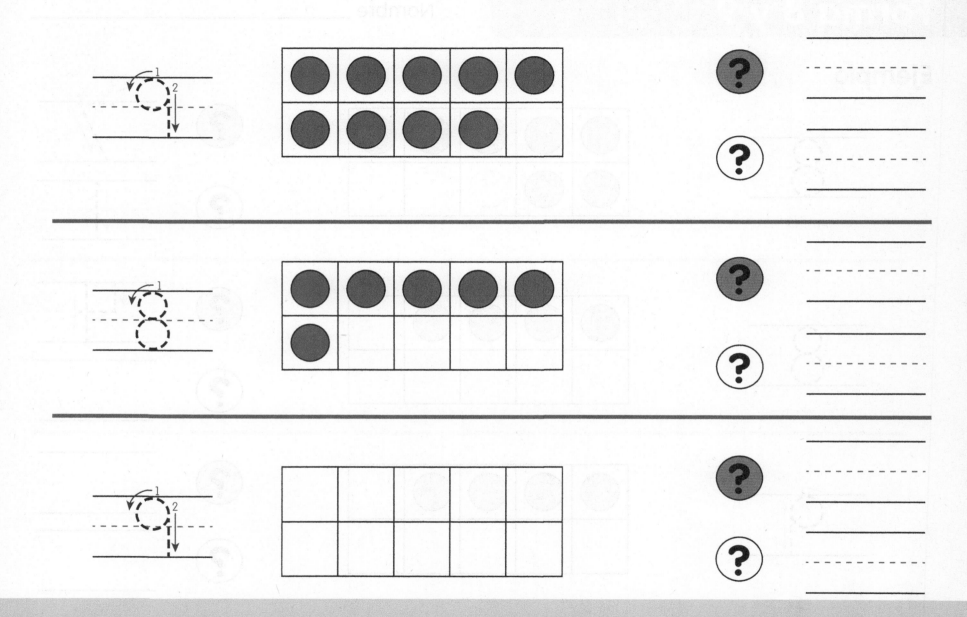

Guíe a su niño o niña para que trace los números de la izquierda y dibuje más fichas en los marcos de 10 (si es necesario) para mostrar un total de 8 o 9.
Pida a su niño o niña que en las primeras dos filas escriba la cantidad de fichas grises que se muestran y la cantidad de fichas que dibujó para formar el total. Pídale que en la última fila use dos colores para dibujar fichas que muestren otra manera de formar 9 y que escriba la pareja de números.

Números del 6 al 9

Nombre _____

Forma 7.

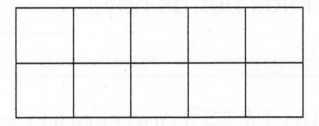

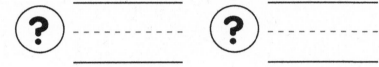

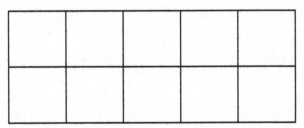

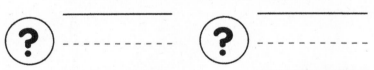

Forma 8.

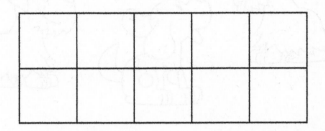

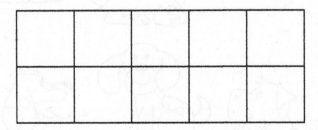

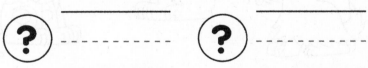

Pida a los niños que dibujen fichas rojas y azules para formar 7 y 8 de dos maneras diferentes. Explique a los niños que estos problemas se pueden resolver de diferentes maneras. Pídales que cuenten la cantidad de fichas de cada color y escriban el número.

¿Cuántos perros hay? - - - - - - - - -

Dibuja 1 🦴 para cada perro.

Pida a los niños que cuenten y que escriban la cantidad de perros que hay y que luego dibujen un hueso para cada perro. Permita que los niños hallen sus propias estrategias para determinar cuántos huesos deben dibujar.

Empareja 6, 7, 8 y 9

Nombre _____

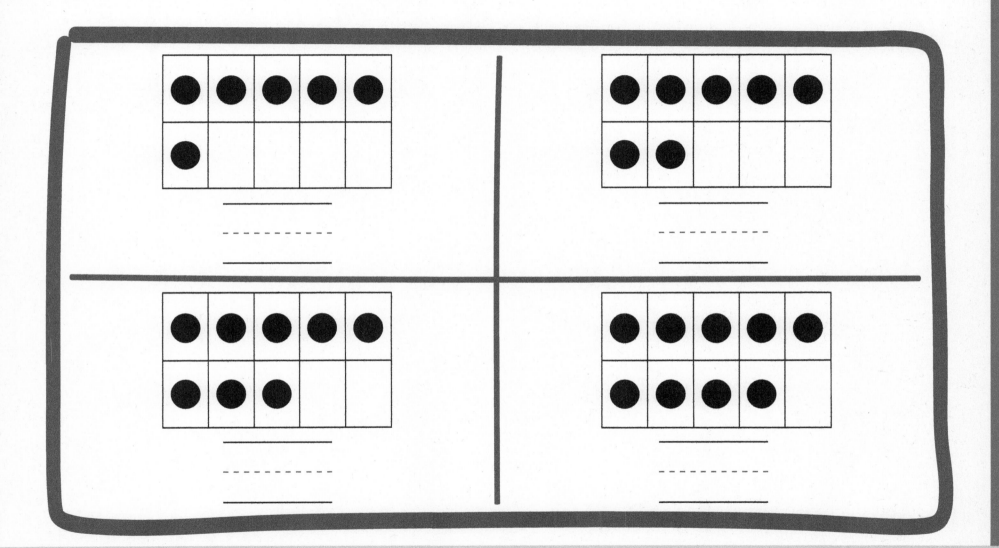

Materiales Para cada pareja: 1 grupo de tarjetas de puntos; para cada niño o niña: Tablero de juego para Empareja 6, 7, 8 y 9.
Se juega así Toma una tarjeta de puntos. Di cuántos puntos hay en la tarjeta. Halla el marco de 10 con la misma cantidad de puntos. Escribe el número para rotular ese marco de 10. Pierdes un turno si el marco de 10 ya se usó. El primer jugador en rotular todos los marcos de 10 gana.

Estimada familia:

Esta semana su niño está mejorando las destrezas para contar con el número 10.

Esta destreza incluye practicar con grupos para contar de 10 objetos de varias maneras. Usar fichas, dibujos, marcos de diez y otras herramientas ayudan a visualizar y contar 10. Analizar y contar grupos de 10 en 2 filas de 5, 2 columnas de 5 y otras disposiciones comunes fortalece la visualización de 10. Comprender 10 dará a su niño una base sólida para trabajar dentro de nuestro sistema numérico de valor de posición, incluyendo la resolución de problemas que incluyen números mayores y usando varias estrategias de suma y resta.

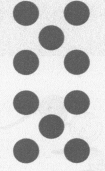

Sobre la base de las lecciones anteriores, su niño también investigará cómo 10 se relaciona con otros números. Por ejemplo, 10 es uno más que 9, y 10 es 2 grupos de 5. Para reforzar las relaciones entre los números y repasar los números aprendidos anteriormente, su niño continuará practicando contar grupos de 1 a 9 objetos. Aprender a escribir el número 10, que incluye escribir dos dígitos, también es una parte importante de esta lección.

Invite a su niño a compartir lo que sabe sobre contar 10 haciendo juntos la siguiente actividad.

Materiales: papel, lápiz, 10 objetos pequeños (tales como botones, frijoles secos o cereales), dado (o tarjetas numéricas del 1 al 6)

Dibuje las dos manos de su niño en una hoja de papel. Ayude a su niño para que use el dibujo de la mano para hacer la siguiente actividad.

• Lance el dado (o dé vuelta una tarjeta numérica) y cuente ese número de botones. Coloque cada botón en cada dedo.

• Continúe lanzando el dado y colocando botones hasta que llegue a 10, cuando todos los dedos estén cubiertos. Asegúrese de detenerse cuando llegue a 10, no importa qué número haya lanzado. Repita esta actividad varias veces.

• Puede pedirle a su niño que cuente los dedos cubiertos para destacar la relación entre las dos manos y el número 10.

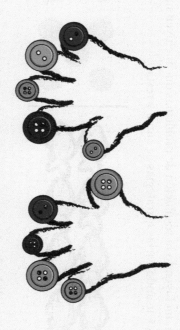

Además de hacer la actividad que se encuentra arriba, practique contar 1 a 10 objetos con su niño cada vez que pueda. Por ejemplo, aliente a su niño a contar cucharas, manzanas, galletas, botones, libros, escalones, etc. También señale los números que ve en el mundo a su alrededor, tal como en señales, relojes, etiquetas de comida, placas de matrícula y uniformes deportivos.

Cuenta 10

Nombre _____

Pida a su niño o niña que use colores diferentes para colorear grupos de 10. Luego pídale que coloree el resto del dibujo.

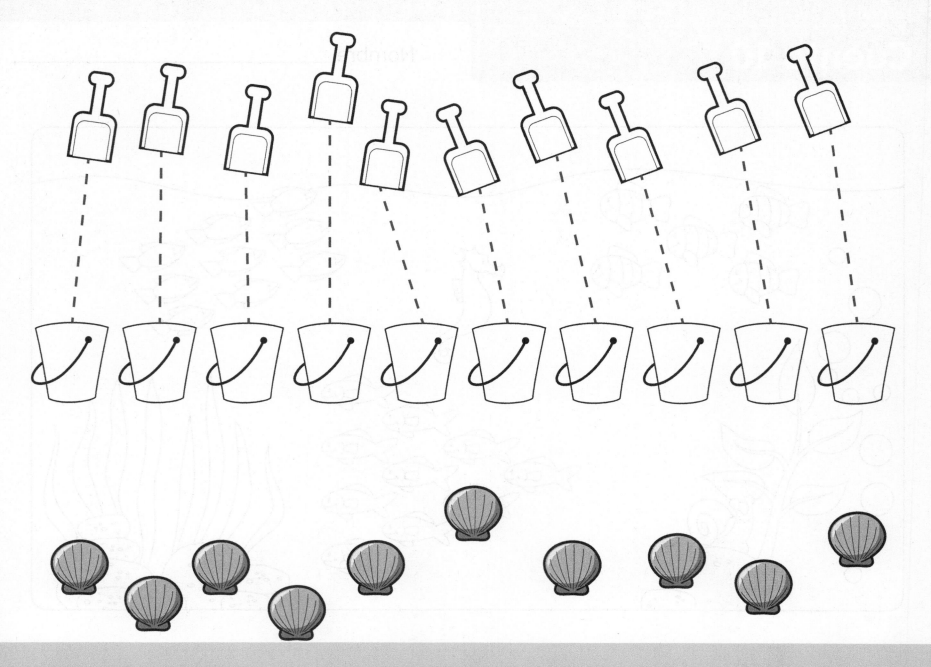

Pida a su niño o niña que cuente mientras traza líneas para emparejar los objetos. Pídale que cuente mientras traza las líneas para emparejar cada pala con un cubo. Pida a su niño o niña que le diga cuántos cubos hay en total. Luego pídale que empareje cada cubo con una concha marina y cuente en voz alta mientras traza las líneas.

Cuenta 10

Ejemplo

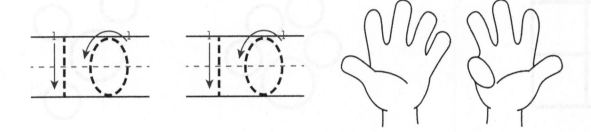

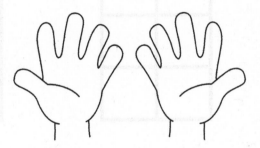

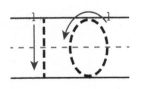 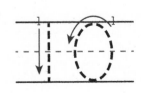  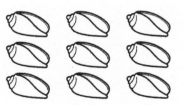

Pida a su niño o niña que trace el número 10 y coloree el grupo que tiene 10 objetos. Pídale que cuente los objetos que hay en cada uno de los dos grupos. Hablen de las diferentes maneras en que pueden contar los objetos. Luego pídale que coloree el grupo que tiene 10.

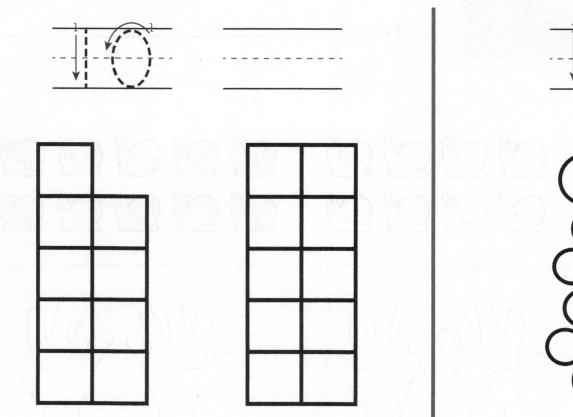

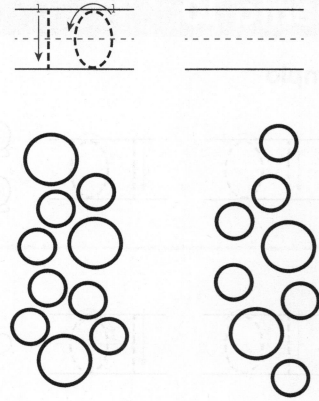

Pida a su niño o niña que trace el número 10 y coloree el grupo que tiene 10 objetos. Pídale que cuente los cuadrados o círculos que hay en cada grupo. Hablen de las diferentes maneras en que pueden contar los objetos. Luego pídale que coloree el grupo que tiene 10.

Cuenta 10

Nombre _____

Ejemplo

Pida a su niño o niña que practique escribir 10 y contar 10 objetos. Pídale que trace y escriba el número 10. Luego pida a su niño o niña que coloree esa cantidad de objetos.

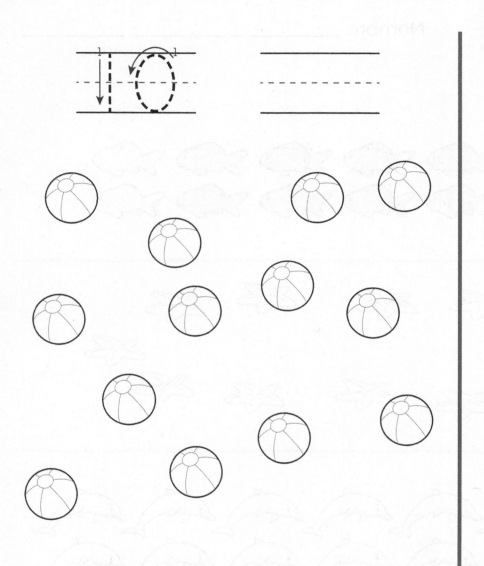

Pida a su niño o niña que trace y escriba el número 10, cuente y coloree 10 objetos y luego dibuje 10. Pida a su niño o niña que en el lado izquierdo trace y escriba el número 10 y coloree 10 objetos. Pídale que en el lado derecho escriba el número 10 y luego haga un dibujo que muestre 10 objetos.

Estimada familia:

Esta semana su niño está aprendiendo a comparar dentro de 10.

La lección incluye comparar grupos de hasta 10 objetos para hallar cuál grupo tiene más y cuál grupo tiene menos. Existen muchas estrategias que se pueden usar para comparar. Cuando se comparan objetos en un dibujo, puede dibujar líneas entre los objetos en los dos grupos, o tachar pares de objetos (uno de cada grupo) hasta que un grupo no tenga más objetos para tachar. Si compara objetos reales, puede alinearlos en dos filas para ver cuál grupo tiene más y cuál grupo tiene menos.

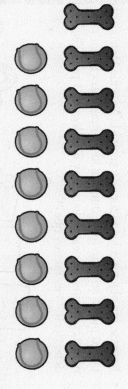

A medida que su niño empiece a pensar de forma más abstracta, comenzará a reconocer que 7 es más que 4, sin importar qué objetos se están contando o cómo están dispuestos.

Comparar grupos de objetos ayudará a su niño a prepararse para resolver problemas de resta que incluyan hallar cuántos más o cuántos menos objetos hay en un grupo que en otro.

Invite a su niño a compartir lo que sabe sobre comparar dentro de 10 haciendo juntos la siguiente actividad.

CONTINÚA

Actividad: Comparar dentro de 10

Materiales: 20 objetos pequeños de 2 clases diferentes (tales como 10 galletas y 10 pretzels, 10 frijoles secos y 10 formas de pasta, o 10 botones y 10 clips), 2 tazones

Haga esta actividad para ayudar a su niño a practicar cómo comparar dentro de 10.

- Coloque 10 objetos de una clase en un tazón para su niño. Coloque 10 objetos de otra clase en un tazón para usted.

- Su hijo y usted tomen cada uno un puñado de objetos y colóquenlos sobre la mesa. Su niño compara los grupos de objetos usando la estrategia que prefiera y dice cuál grupo tiene más. Por ejemplo, si hay 8 frijoles y 3 formas de pasta, su niño debe decir "8 es más que 3". (A veces, los grupos tendrán la misma cantidad de objetos. Si ese es el caso, agregue o quite uno de sus objetos).

- Regrese los objetos a los tazones y repita la actividad varias veces. Luego pida a su niño que compare los grupos para hallar cuál muestra menos. Por ejemplo, si hay 8 galletas y 3 pretzels, su niño debe decir "3 es menos que 8".

Además de hacer la actividad que se encuentra arriba, aliente a su niño a comparar números de objetos en su vida diaria. Por ejemplo, pida a su niño que compare el número de botones y bolsillos, tazas y platos o columpios y toboganes. Pida a su niño que compare dibujos de objetos en libros.

Compara hasta 10

Nombre _____

Tienda de mascotas

Pida a su niño o niña que cuente y que coloree los 8 perros. Pídale que coloree de verde un grupo que tenga menos de 8. Pídale que coloree de marrón un grupo que tenga más de 8. Luego pídale que coloree el resto del dibujo.

Ejemplo

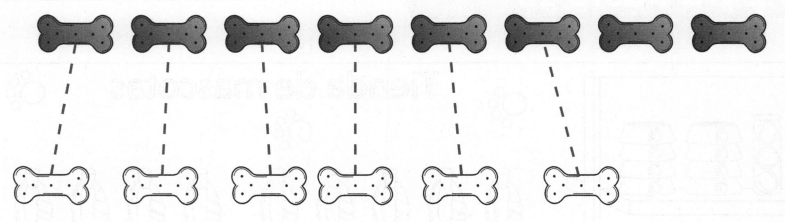

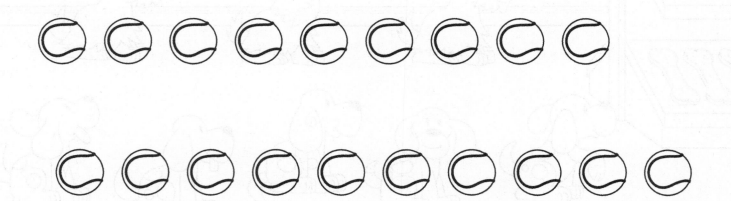

Pida a su niño o niña que trace líneas para emparejar los objetos. Pídale que arriba trace las líneas y que coloree el grupo que tiene más galletas. Pídale que abajo trace las líneas y que luego coloree el grupo que tiene menos pelotas.

Compara hasta 10

Nombre _____

Ejemplo

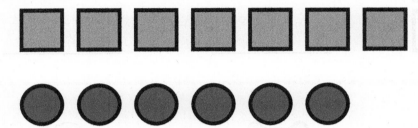

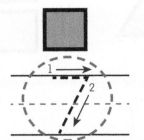

O

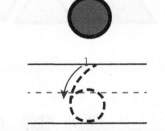

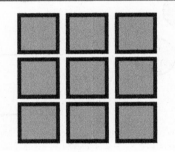

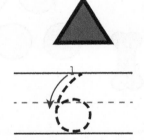

O

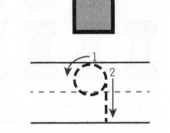

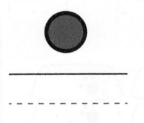

O

Guíe a su niño o niña en cada problema para que compare cuántos objetos hay. Pídale que escriba cuántos hay en cada grupo y que encierre en un círculo el número que es mayor.

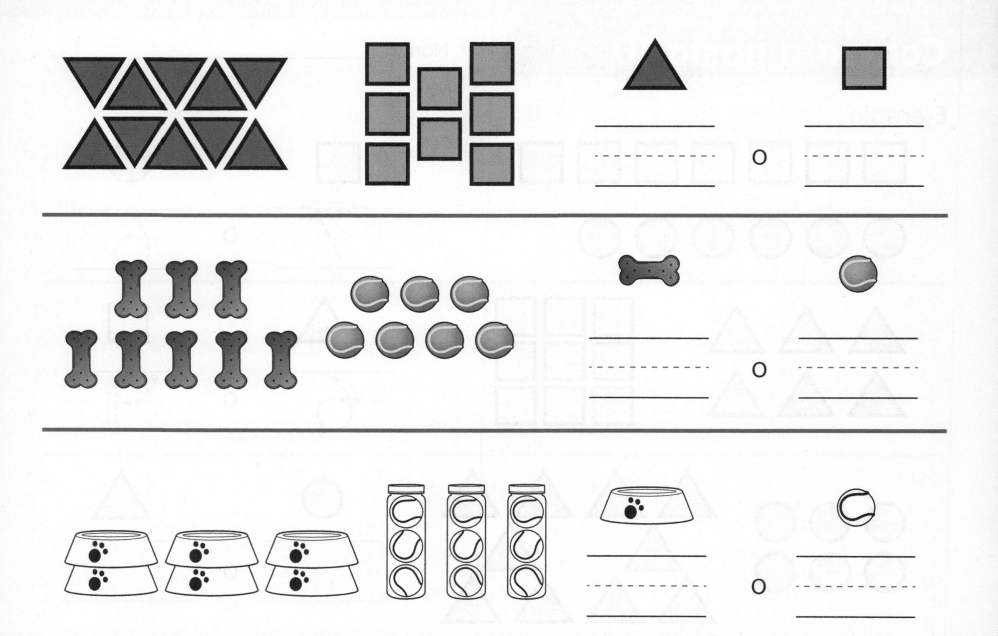

Guíe a su niño o niña en cada problema para que compare cuántos objetos hay. Pídale que escriba cuántos objetos hay en cada grupo y que encierre en un círculo el número que es mayor.

Compara hasta 10

Ejemplo

¿Cuántos hay?

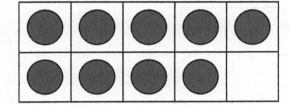

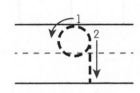

¿Cuál es menor?

o   7

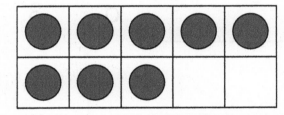

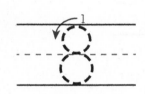

o   6

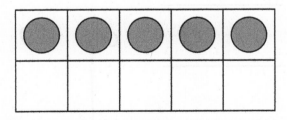

o   10

Guíe a su niño o niña para que compare cuántas fichas hay en un marco de 10 con un número dado y que diga cuál número es menor. Pídale que cuente y que escriba cuántas fichas hay en el marco de 10. Pídale que compare ese número con el número que está a la derecha. Pídale que encierre en un círculo el número que es menor.

¿Cuántos hay?

¿Cuál es menor?

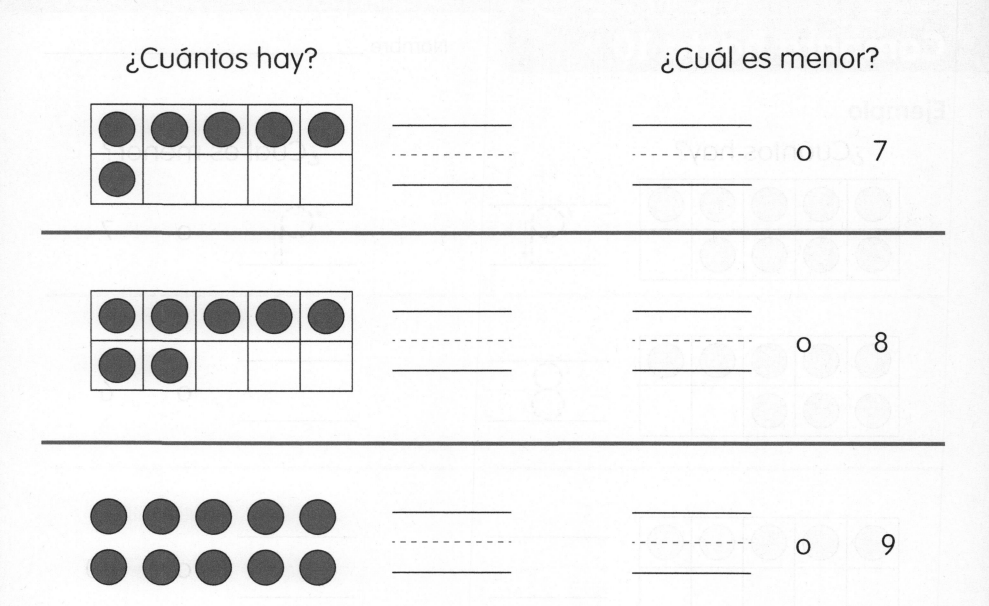

o 7

o 8

o 9

Guíe a su niño o niña para que **compare una cantidad de fichas con un número dado y que diga cuál es menor.** Pídale que cuente, que escriba cuántas fichas hay y que compare ese número con el número que está a la derecha. Pídale que encierre en un círculo el número que es menor.

Estimada familia:

Esta semana su niño está aprendiendo a hallar los números que forman 10.

Esta lección usa dibujos, fichas y marcos de diez para hallar diferentes combinaciones de números que forman 10.

Usar un marco de diez ayuda a visualizar 10 como una cantidad, así como a visualizar los números que forman 10. Por ejemplo, al completar un marco de diez en diferentes maneras, puede ver que 10 está formado por 4 y 6, 7 y 3, y otros pares de números. La estructura de un marco de diez, que tiene 2 filas de 5, también puede ayudar a que su niño reconozca que 10 está formado por dos grupos de 5. Conocer todas las maneras de formar 10 permitirá a su niño usar estrategias múltiples para sumar y restar.

4 y 6

7 y 3

Maneras de formar 10	
1 y 9	9 y 1
2 y 8	8 y 2
3 y 7	7 y 3
4 y 6	6 y 4
5 y 5	

Invite a su niño a compartir lo que sabe sobre formar 10 haciendo juntos la siguiente actividad.

CONTINÚA

Materiales: cartón de huevos, 18 objetos pequeños de 2 colores o tipos diferentes para colocar en el cartón de huevos (tales como botones de 2 colores diferentes, bloques de 2 colores diferentes, o frijoles secos y formas de pasta)

Corte dos tazas del cartón de huevos de un extremo. Ahora que el cartón tiene 2 filas de 5 tazas, ayude a su niño a usarlo como un marco de diez para hacer la siguiente actividad. (Si prefiere no usar un cartón de huevos, en su lugar puede dibujar un marco de diez o usar el que está en el reverso de la Carta a la familia de la Lección 10).

- Coloque algunos objetos de un color en el cartón de huevos, ubicándolos primero en la fila superior y de izquierda a derecha.

- Pida a su niño que termine de completar el cartón de huevos con objetos de un color diferente. Su niño debe decir cómo los objetos en el cartón de huevos muestran una manera de formar 10, tal como "4 y 6 forman 10". Repita hasta que haya encontrado 5 maneras diferentes de formar 10.

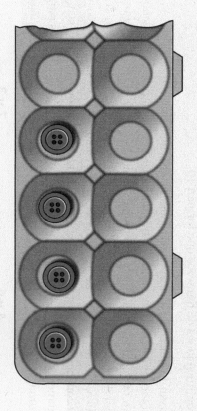

- También puede usar el cartón de huevos para repasar las maneras de formar los números del 3 al 9. Recuerde a su niño que para estos números no se debe completar el cartón de huevos entero.

Forma 10

Nombre _____

Pida a su niño o niña que use dos colores para colorear un grupo de 10. Luego pídale que use dos colores para colorear otro grupo de 10, esta vez para mostrar una pareja de números diferentes. Pídale que coloree el resto de la página.

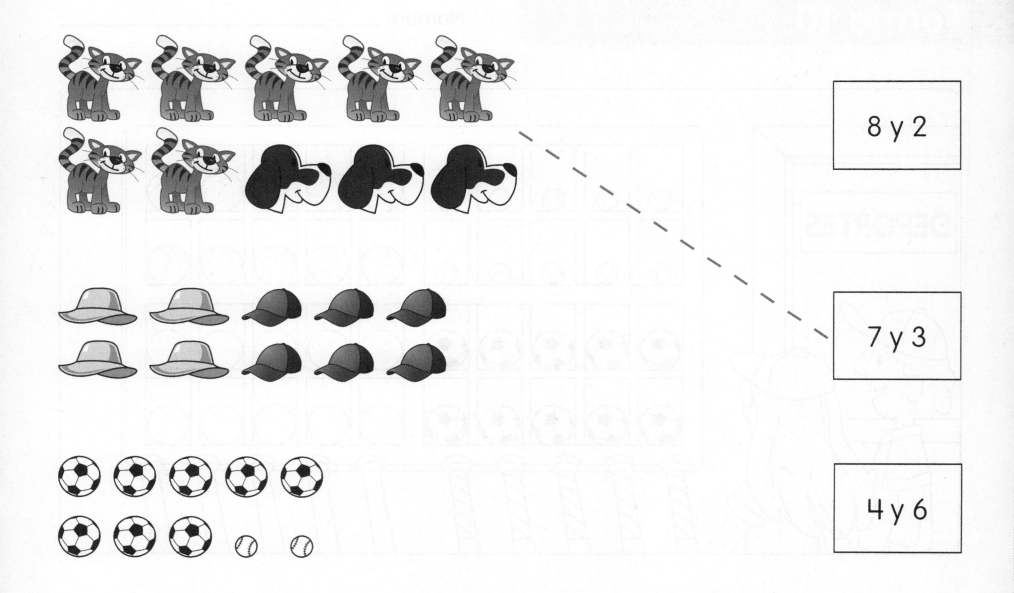

8 y 2

7 y 3

4 y 6

Forma 10

Nombre _____

Ejemplo

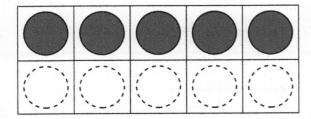

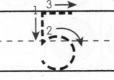

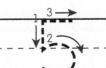

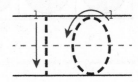

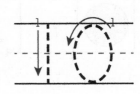

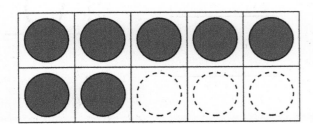

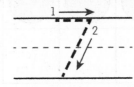

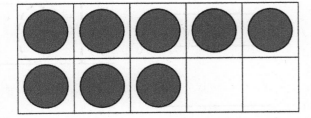

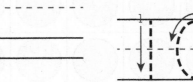

Guíe a su niño o niña a dibujar fichas para terminar cada dibujo a fin de que muestre 10. Pídale que escriba cuántas fichas grises hay y cuántas fichas dibujó. Pídale por último que trace el número 10 para mostrar el total.

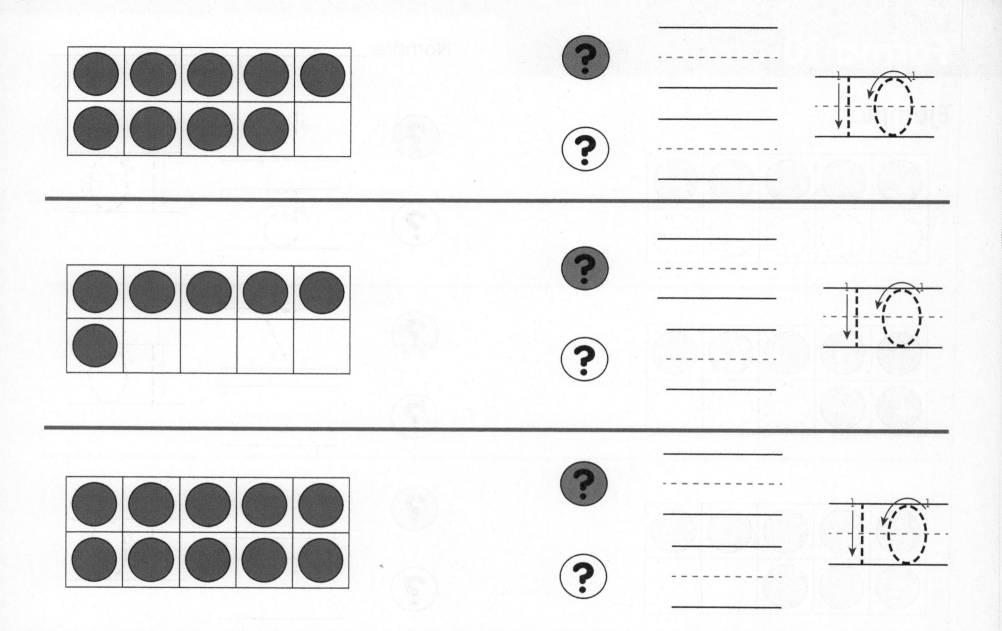

Forma 10

Nombre _____

Ejemplo

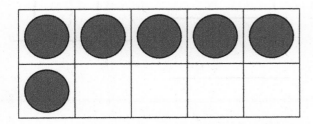

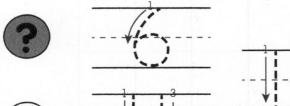

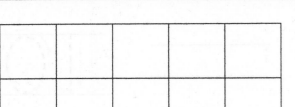

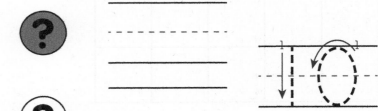

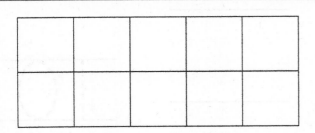

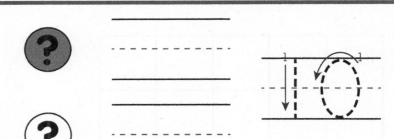

Guíe a su niño o niña para que muestre 3 maneras diferentes de completar los marcos de 10, dibujando fichas grises y blancas para mostrar un total de 10.
Pídale que en cada problema cuente cuántas fichas hay de cada color, que escriba la pareja de números y que trace el número 10.

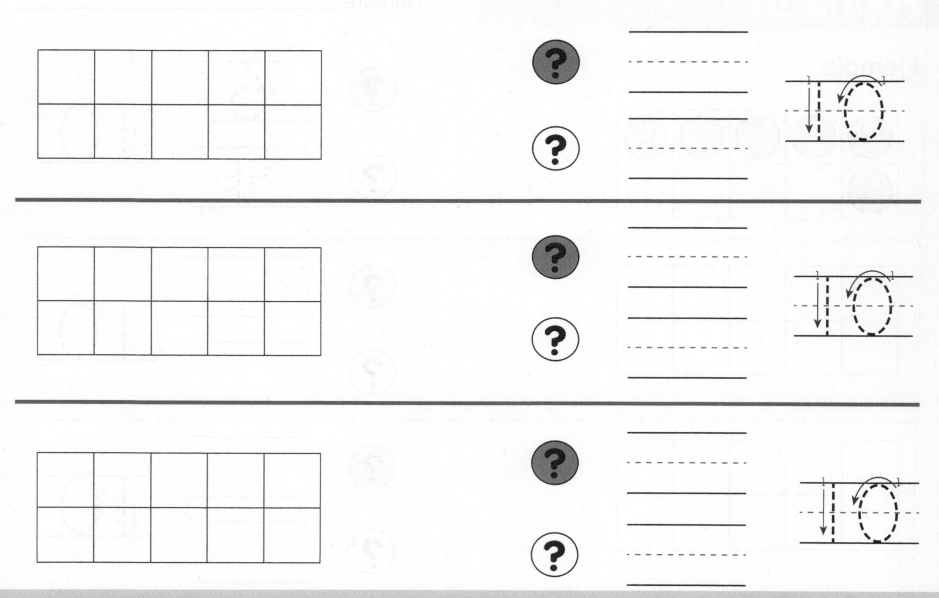

Números hasta 10

Nombre _____

Dibuja menos.

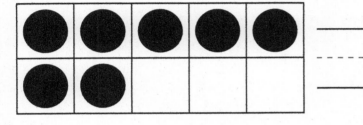

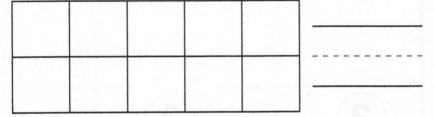

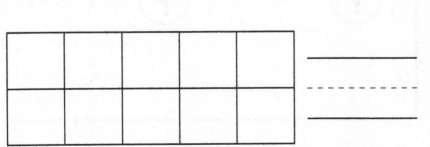

Dibuja más.

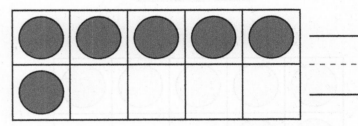

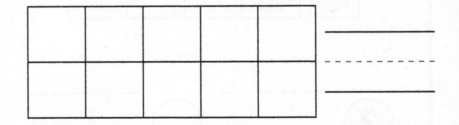

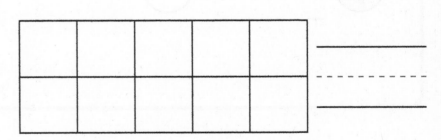

Pida a los niños que dibujen más fichas o menos fichas que la cantidad dada. Pida a los niños que cuenten la cantidad de fichas negras y de fichas grises y que escriban esos números a la derecha de los marcos de 10. Con las fichas negras, los niños deben dibujar fichas y escribir números para mostrar menos de 7. Con las fichas grises, los niños deben dibujar fichas y escribir números para mostrar más de 6.

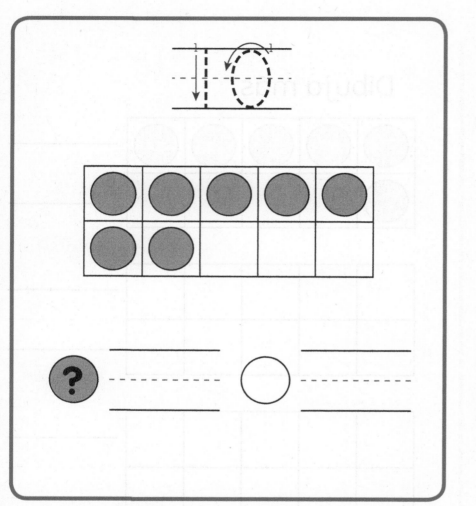

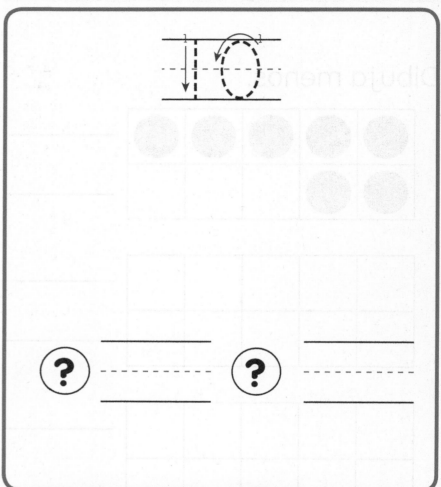

Pida a los niños que usen dos colores para dibujar fichas que muestren 10 de dos maneras diferentes y que anoten las parejas de números.

Forma 10

Nombre _____

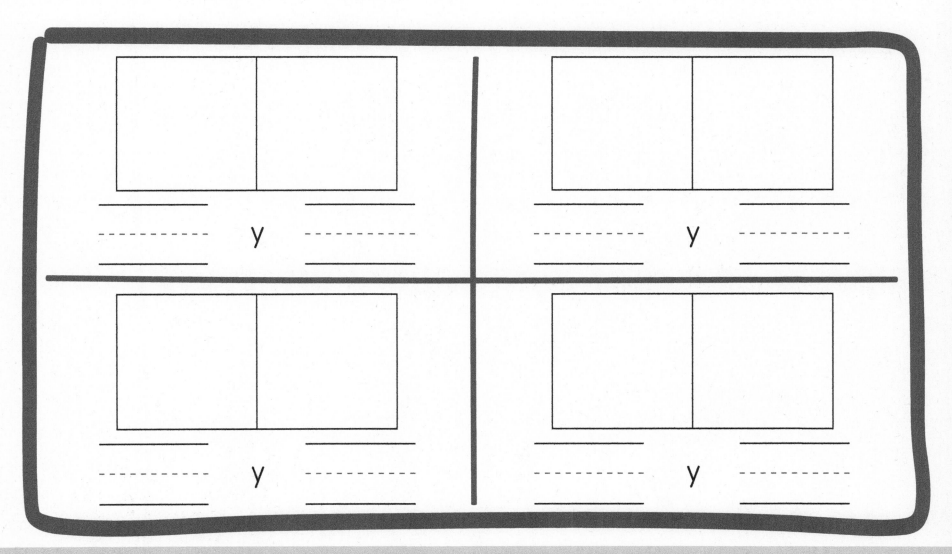

Materiales Para cada pareja: Tarjetas de puntos del 1 al 9, bolsa; para cada niño o niña: Tablero de juego para *Forma 10*
Se juega así Toma una tarjeta de puntos. Colócala sobre cualquier cuadrado. Tu pareja hace lo mismo. Trata de formar totales de 10. Cuando completes un par de cuadrados, escribe los números. Pierdes un turno si no tienes lugar donde colocar una tarjeta. El primer jugador o jugadora que complete todos los pares de cuadrados con totales de 10 gana.

Estimada familia:

Esta semana su niño está aprendiendo sobre suma.

Esta lección investiga la idea de lo que significa sumar. También presenta el signo más y el signo igual como una manera de representar la unión de dos grupos de objetos en un solo grupo. Su niño usará cubos conectables como modelos físicos y dibujos como modelos visuales para mostrar la suma de dos grupos.

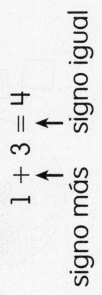

$$1 + 3 = 4$$

signo más   signo igual

La lección también presenta diferentes problemas.

Sumar: *Hay 2 pájaros en un árbol. Se les unen 3 pájaros más. ¿Cuántos pájaros hay en el árbol ahora?*

Juntar: *Hay 2 naranjas y 3 manzanas en un tazón. ¿Cuántas frutas hay en el tazón?*

Demostrar la suma físicamente, hacer dibujos e investigar diferentes problemas ayudará a su niño a hacer conexiones para saber cómo se usa la suma en la vida diaria.

Invite a su niño a compartir lo que sabe sobre la suma haciendo juntos la siguiente actividad.

CONTINÚA

Materiales: 8 objetos pequeños de 2 tipos o colores diferentes (tales como pretzels y galletas, pasta seca de 2 formas diferentes, o botones de 2 colores diferentes)

Haga esta actividad para ayudar a su niño a investigar qué significa sumar.

• Entregue a su niño dos grupos de objetos que tengan un total combinado de 5 o menos. Por ejemplo, coloque los refrigerios tales como 3 pretzels y 2 galletas en dos grupos.

• Pregunte cuántos objetos hay en cada grupo. Después de que su niño cuente, haga un problema de suma sobre los grupos, tal como: *Hay 3 pretzels y 2 galletas. ¿Cuántos refrigerios hay en total?*

• Su niño coloca juntos los grupos y cuenta para hallar el total. Puede pedir a su niño que escriba una oración numérica, por ejemplo, 3 + 2 = 5.

• Plantee a su niño problemas de suma sobre grupos pequeños de objetos cada vez que pueda. Por ejemplo, pida a su niño que sume manzanas y bananas, cucharas grandes y cucharas pequeñas o bloques amarillos y bloques anaranjados.

Comprende Sumar

Nombre _____

¿Qué cosas puedes sumar?

Muestra 2 + 2. = 4

Pida a su niño o niña que haga un dibujo de objetos que podría sumar para mostrar 2 + 2. Puede darle el siguiente ejemplo de suma: *Hay 2 tarjetas sobre la mesa. Pongo 2 tarjetas más sobre la mesa. ¿Cuántas tarjetas hay sobre la mesa ahora?* También: *Hay 2 manzanas rojas y 2 manzanas verdes en una bolsa. ¿Cuántas manzanas hay en la bolsa?* Anime a su niño o niña a contar un cuento similar sobre su dibujo.

¿Para qué sumamos?

Muestra 1 + 4. = 5

Pida a su niño o niña que dibuje objetos que se puedan sumar para mostrar 1 + 4. Por ejemplo, su niño o niña puede sumar 1 pelota grande y 4 pelotas pequeñas. Pídale que le cuente un cuento sobre su dibujo. Anime a su niño o niña a usar las palabras *más* y *sumar*.

120 **Lección 14** *Comprende* **Sumar**

Comprende Sumar

Nombre _____

Ejemplo

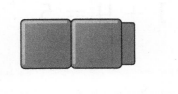

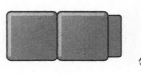

$$2 + 2 = 4$$

$$1 + 3 = 4$$

$$2 + 1 = 3$$

Guíe a su niño o niña para que empareje los dibujos con las oraciones de suma. Pídale que describa cuántos cubos se suman en cada dibujo. Lean juntos en voz alta cada oración numérica y hablen del significado de cada una. Luego pídale que trace líneas para emparejar cada dibujo con su oración numérica.

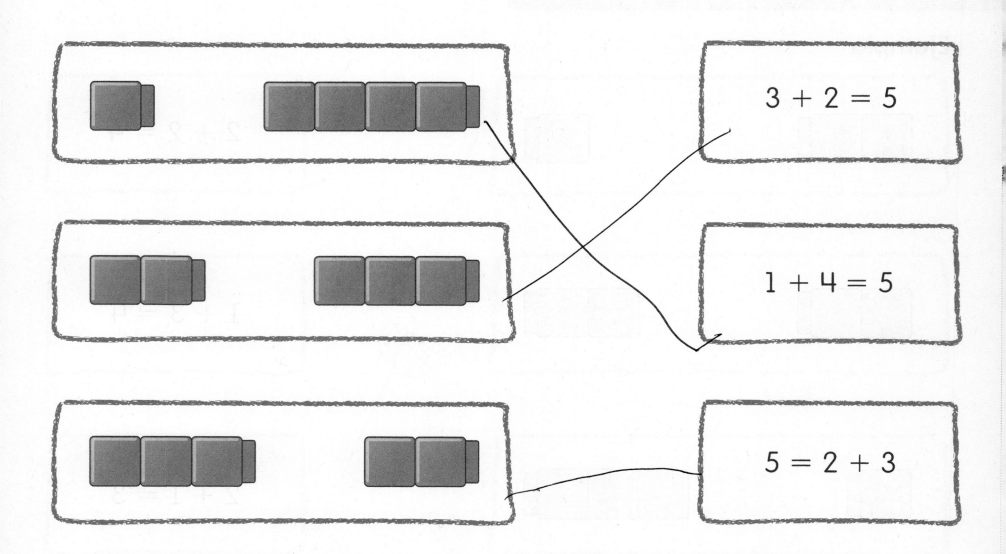

$$3 + 2 = 5$$

$$1 + 4 = 5$$

$$5 = 2 + 3$$

Guíe a su niño o niña para que empareje los dibujos con las oraciones de suma. Pídale que describa cuántos cubos se suman en cada dibujo. Lean juntos en voz alta cada oración numérica y hablen del significado de cada una. Luego pídale que trace líneas para emparejar cada dibujo con su oración numérica.

Comprende Sumar

Nombre _____

Ejemplo

$2 + 1 = 2$ ❓

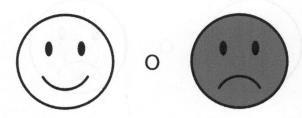

$2 + 1 =$ 3

$2 + 2 = 2$ ❓

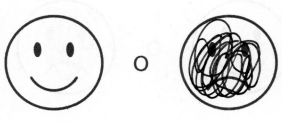

$2 + 2 =$ 4

$2 + 3 = 5$ ❓

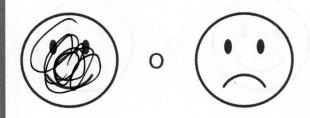

$2 + 3 =$ 5

Guíe a su niño o niña para que verifique si las oraciones numéricas coinciden con los cubos. Hablen primero de la cantidad de cubos que hay en cada grupo y del total. Luego decidan si la oración numérica coincide con la cantidad de cubos. Pídale que coloree la carita sonriente si la oración numérica y los cubos coinciden, o la cara triste si no coinciden. Guíe a su niño o niña para que complete la oración numérica que está debajo del problema.

$1 + 2 = 3$ ❓

$2 = 1 + 3$ ❓

$4 = 4 + 1$ ❓

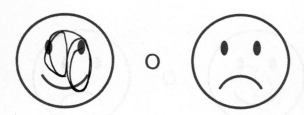
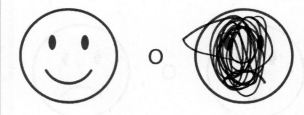
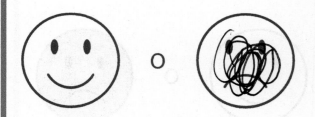

$1 + 2 =$ __3__

__4__ $= 1 + 3$

__5__ $= 4 + 1$

Estimada familia:

Esta semana su niño está aprendiendo a sumar dentro de 5.

Esta lección incluye resolver problemas de suma con totales de hasta 5. También conecta problemas-cuento con dibujos, objetos, marcos de cinco y oraciones numéricas. Esto dará a su niño una base sólida mientras finalmente pasa de resolver problemas mostrados con dibujos o modelos a resolver problemas mostrados solo con números.

Dibujo

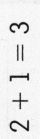

2 + 1 = 3

Marco de cinco

2 + 1 = 3

Los problemas-cuento sobre números u objetos que se suman se presentan para conectar las matemáticas con el mundo real. Su niño creará tales problemas-cuento. Esta lección presenta un nuevo problema en el cual hay más de una posible respuesta.

Juntar, ambos sumandos desconocidos: *Inés tiene 5 galletas. ¿Cuántas puede comer? ¿Cuántas puede compartir con un amigo?* (La solución podría ser 0 y 5, 1 y 4, 2 y 3, 3 y 2, 4 y 1 o 5 y 0).

Invite a su niño a compartir lo que sabe sobre sumar dentro de 5 haciendo juntos la siguiente actividad.

CONTINÚA

Actividad: Sumar dentro de 5

Materiales: 8 objetos pequeños de 2 tipos o colores diferentes (tales como botones de 2 colores diferentes o pasta seca de 2 formas diferentes)

Haga esta actividad para ayudar a su niño a conectar sumas con objetos concretos.

- Doble una hoja de papel por la mitad de arriba hacia abajo.

- Escriba una suma que tenga un total de 5 o menos a lo largo de la mitad de la página. No incluya el total.

- Muestre a su niño cómo ubicar un grupo de objetos arriba de cada número.

- Pida a su niño que cuente cuántos objetos hay en total y que escriba el total después del signo igual.

- Escriba otras sumas para que su niño resuelva en las tres secciones restantes de la hoja de papel. Cada suma debe tener un total de 5 o menos. Pida a su niño que resuelva las sumas de una manera similar.

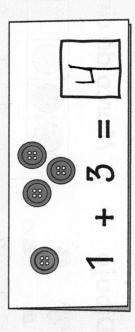

Suma hasta 5

Nombre _____

Pida a su niño o niña que use rojo y amarillo para colorear un grupo de animales u objetos que muestren 3 + 1 y que luego diga el total. Luego pídale que use otros dos colores para colorear un grupo de animales u objetos que muestren 2 + 2. Pídale que coloree el resto del dibujo.

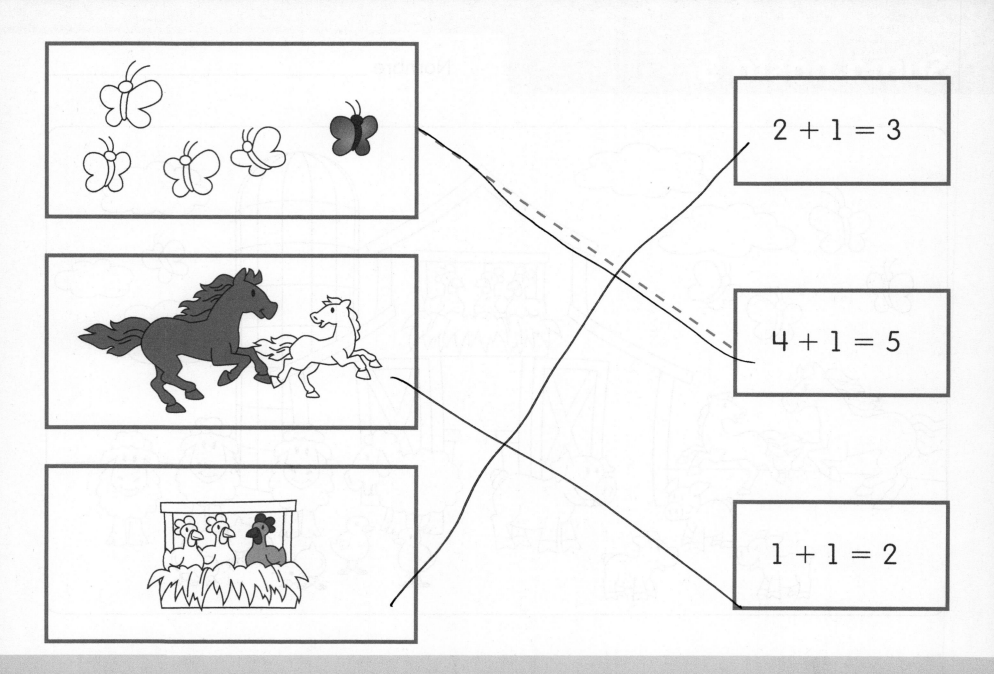

$2 + 1 = 3$

$4 + 1 = 5$

$1 + 1 = 2$

Pida a su niño o niña que empareje los dibujos con las oraciones de suma. Pídale que diga cuántos animales grises y cuántos animales blancos hay y que diga el total en cada dibujo. Lean juntos y en voz alta cada oración de suma. Luego pídale que trace líneas para emparejar cada dibujo con su oración de suma.

Suma hasta 5

Nombre _____

Ejemplo

$1 + 1 =$ ___ 2 ___

$1 + 2 =$ ___ 3 ___

$1 + 3 =$ ___ 4 ___

$1 + 4 =$ ___ 5 ___

Guíe a su niño o niña para que compare cada oración numérica con la suma en cada dibujo, que luego cuente cuántos objetos hay y que escriba el total.
Pídale que lea en voz alta la oración numérica que completó. Ayude a su niño o niña a conectar el total escrito con la cantidad de objetos que se muestran.

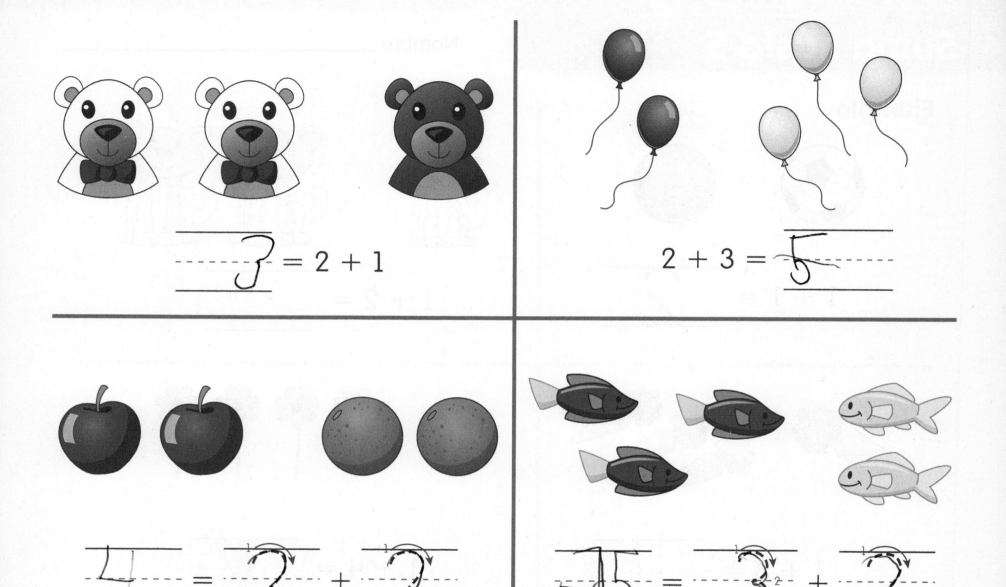

_____ 3 = 2 + 1

2 + 3 = 5

_____ = 2 + 2

_____ = 3 + 2

Suma hasta 5

Nombre _____

Ejemplo

2

1

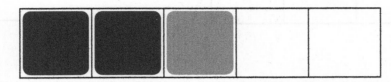

$2 + 1 = 3$

2

2

$2 + 2 = 4$

2

3

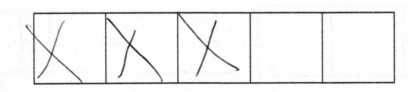

$2 + 3 = 5$

Guíe a su niño o niña para que haga un problema de palabras para cada grupo de dibujos, que coloree el marco de 5 usando dos colores para hacer un modelo del problema y que luego escriba el total. Por ejemplo, para el primer problema, su niño o niña puede decir: "Hay 2 ovejas pequeñas en el establo. Se les une 1 oveja grande. Ahora hay 3 ovejas en el establo". Después de que su niño o niña coloree el marco de 5 y complete la oración numérica, lean juntos y en voz alta cada oración numérica y conéctela con el problema.

3
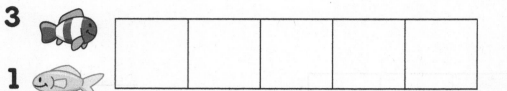
1

$3 + 1 = 4$

3
2

$5 = 3 + 2$

4
1

$5 = 4 + 1$

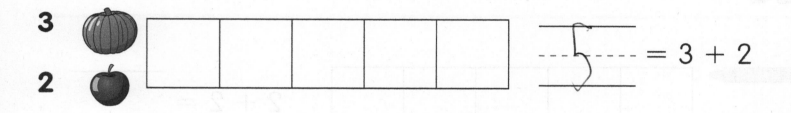

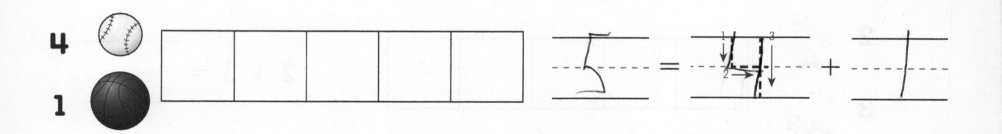

Estimada familia:

Esta semana su niño está aprendiendo sobre resta.

Esta lección investiga la idea de lo que significa restar y presenta el signo menos y el signo igual como una manera de representar la quita de objetos de un grupo. Su niño usará fichas y/o cubos conectables como modelos físicos y dibujos como modelos visuales para mostrar la quita de un grupo.

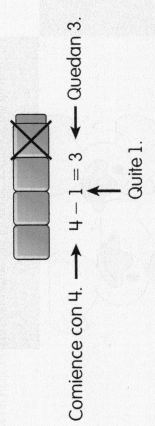

Comience con 4. ⟶ 4 − 1 = 3 ⟶ Quedan 3.

Quite 1.

Dar ejemplos de resta de esta manera puede ayudar a hacer conexiones con oraciones numéricas de resta. Por ejemplo, un lado de la oración numérica de resta muestra con cuántos comienza y cuántos quita. El otro muestra cuántos quedan.

Esta lección también investiga problemas sobre quitar.

Quitar de un resultado desconocido: *Hay 5 pájaros en un árbol. 2 pájaros vuelan. ¿Cuántos pájaros hay ahora en el árbol?*

Modelos físicos de resta, hacer dibujos e investigar problemas de resta ayudarán a su niño a hacer conexiones sobre cómo se usa la resta en la vida diaria.

Invite a su niño a compartir lo que sabe sobre la resta haciendo juntos la siguiente actividad.

CONTINÚA

Actividad: Restar

Materiales: 5 galletas con forma de animales o animales de juguete (o cualquier objeto pequeño, como botones o bloques)

Muestre a su niño grupos de 2 a 5 animales. Cuéntele cuentos de resta tal como el que está a continuación. Ayude a su niño a usar los objetos para representar cada cuento y resolver el problema.

Ejemplo:

- *4 patos estaban en el estanque.* (Pida a su niño que cuente los patos de juguete).

- *1 pato se fue nadando.* (Quite 1 pato del grupo).

- *¿Cuántos patos quedan?* (Pida a su niño que cuente y diga cuántos patos quedan.)

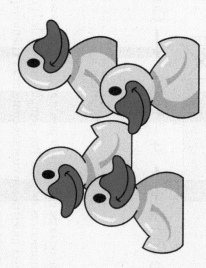

Si no tiene objetos pequeños con forma de animales, puede usar cualquier objeto pequeño y explicar que hará de cuenta que son patos (o cualquier otro animal que sea el preferido de su niño).

Comprende Restar

Nombre _____

¿Para qué restamos?

Muestra 4 − 1.

Pida a su niño o niña que haga un dibujo que muestre 4 menos 1. Puede dar el siguiente ejemplo de resta: *Hay 4 libros en el estante. Saco 1 libro. ¿Cuántos libros quedan en el estante?* Anime a su niño o niña a contar un cuento similar sobre su dibujo.

¿Qué cosas podemos restar?

Muestra 3 − 2.

Comprende Restar

Nombre _____

Ejemplo

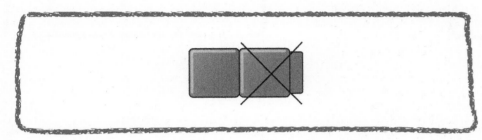

$$5 - 1 = 4$$

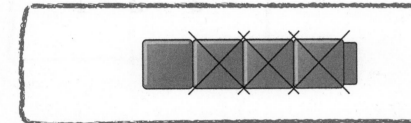

$$2 - 1 = 1$$

$$4 - 3 = 1$$

Guíe a su niño o niña para que empareje los dibujos con las oraciones de resta. Pídale que describa cuántos cubos hay en cada dibujo y cuántos se restaron. Lean juntos en voz alta cada oración numérica y comenten el significado de cada una. Luego pídale que trace líneas para emparejar cada dibujo con su oración numérica.

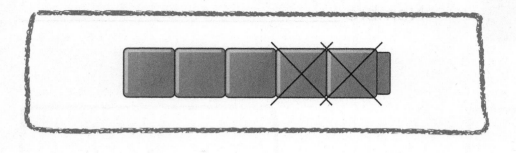

$$5 - 2 = 3$$

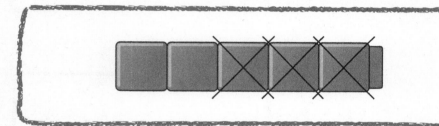

$$3 - 2 = 1$$

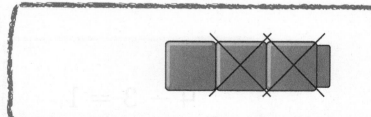

$$2 = 5 - 3$$

Guíe a su niño o niña para que empareje los dibujos con las oraciones de resta. Pídale que describa cuántos cubos hay en cada dibujo y cuántos se restaron. Lean juntos en voz alta cada oración numérica y comenten el significado de cada una. Luego pídale que trace líneas para emparejar cada dibujo con su oración numérica.

Comprende Restar

Nombre _____

Ejemplo

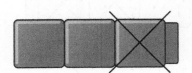

$$3 - 1 = 4 \; ?$$

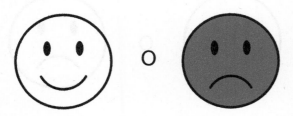

$$3 - 1 = \; 2$$

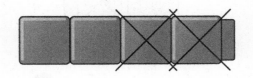

$$4 - 2 = 3 \; ?$$

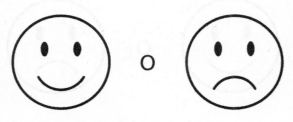

$$4 - 2 = \; \underline{\qquad}$$

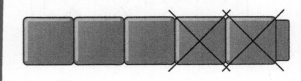

$$5 - 2 = 3 \; ?$$

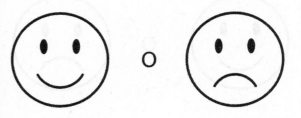

$$5 - 2 = \; \underline{\qquad}$$

Guíe a su niño o niña para que verifique si las oraciones numéricas coinciden con los cubos. Hablen primero de cuántos cubos hay en cada grupo y cuántos se restaron. Pídale que coloree la cara sonriente si la oración numérica y los cubos coinciden, o la cara triste si no coinciden. Guíe a su niño o niña para que complete la oración numérica que está debajo del problema.

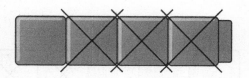

$$4 - 3 = 2 \quad ?$$

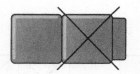

$$1 = 2 - 1 \quad ?$$

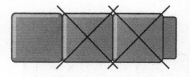

$$2 = 3 - 2 \quad ?$$

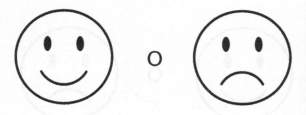   o   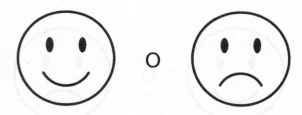   o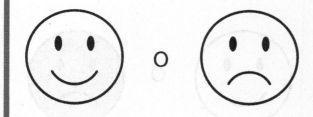

$$4 - 3 = \underline{}$$

$$\underline{} = 2 - 1$$

$$\underline{} = 3 - 2$$

Guíe a su niño o niña para que verifique si las oraciones numéricas coinciden con los cubos. Hablen primero de cuántos cubos hay en cada grupo y de cuántos se restan. Pídale que coloree la cara sonriente si la oración numérica y los cubos coinciden, o la cara triste si no coinciden. Guíe a su niño o niña para que complete la oración numérica que está debajo del problema.

Estimada familia:

Esta semana su niño está aprendiendo a restar dentro de 5.

Los problemas de resta en esta lección incluyen quitar una parte a un grupo de hasta 5 objetos para hallar cuántos quedan. En clase, su niño puede usar objetos reales, cubos conectables y/o fichas en un marco de cinco para representar cómo quitar una parte a un grupo.

Cuando se muestran dibujos de objetos con problemas de resta, puede tachar objetos para mostrar la acción de quitar. La lección comienza tachando dibujos de objetos del mundo real, tales como tazas o globos. Luego termina tachando dibujos de fichas en un marco de cinco.

Conectar dibujos, modelos y cuentos de resta con oraciones numéricas ayuda a formar una base sólida para la resta. Finalmente su niño pasará de resolver problemas con objetos concretos o dibujos a resolver problemas solo con números.

Dibujo

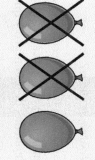

Marco de cinco

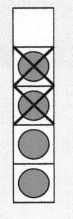

Invite a su niño a compartir lo que sabe sobre restar dentro de 5 haciendo juntos la siguiente actividad.

CONTINÚA

Actividad: Restar dentro de 5

Materiales: lápiz, tarjetas de fichero o papel, 5 objetos pequeños (tales como monedas de 1 centavo, botones, frijoles secos o formas de pasta), taza

Haga la siguiente actividad para ayudar a su niño a demostrar y resolver problemas de resta dentro de 5.

- En una tarjeta de fichero o papel, escriba 5 − 3 = ☐.

- Coloque el problema de resta y 5 monedas de 1 centavo sobre la mesa.

- Señale el número 5 y diga: *Hay 5 monedas de 1 centavo. ¿Cuántas necesitamos quitar?*

- Ayude a su niño a reconocer que el signo menos y el número 3 muestran que necesita quitar 3. Pida a su niño que quite 3 monedas de 1 centavo y que las coloque en una taza.

- **Pregunte:** *¿Cuántas monedas de 1 centavo quedan?* Pida a su niño que cuente las monedas de 1 centavo sobre la mesa y que escriba la respuesta en la caja después del signo igual.

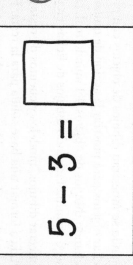

Repita con otros problemas de resta dentro de 5, tales como 3 − 1, 5 − 2 y 4 − 3.

Durante su rutina diaria, ayude a su niño a usar objetos para demostrar la resta cada vez que pueda. Por ejemplo, cuando limpia la mesa puede decir: *Hay 4 tazas sobre la mesa. Estoy quitando 1. ¿Cuántas tazas quedan?* Demuestre la resta con hasta 5 crayones, bloques, cucharas, pasas, galletas u otros objetos.

Resta hasta 5

Nombre _____

Pida a su niño o niña que coloree los 5 platos y las 3 porciones de pastel y que cuente un cuento de resta sobre esta parte del dibujo. Luego pídale que coloree una parte del dibujo que muestra 5 menos 1 y que cuente un cuento sobre eso. Pídale que coloree el resto del dibujo.

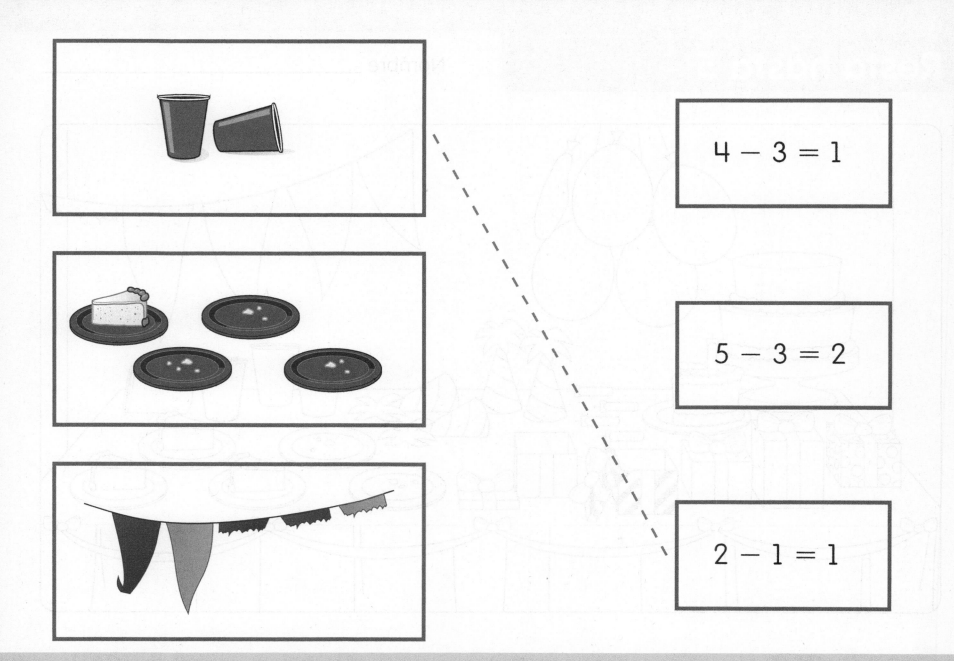

$4 - 3 = 1$

$5 - 3 = 2$

$2 - 1 = 1$

Pida a su niño o niña que empareje los dibujos con las oraciones de resta. Pídale que cuente un cuento sobre resta para cada dibujo. Lean juntos y en voz alta cada oración numérica. Luego pídale que trace líneas para emparejar cada dibujo con su oración de resta.

Resta hasta 5

Nombre _____

Ejemplo

$5 - 3 =$ 2

$4 - 3 =$ _____

$3 - 1 =$ _____

$5 - 4 =$ _____

Guíe a su niño o niña para que compare cada dibujo de resta con la oración numérica y que luego cuente y escriba el número que queda. Pídale que lea en voz alta la oración numérica que completó. Ayude a su niño o niña a conectar los números escritos con la cantidad de objetos que se muestran.

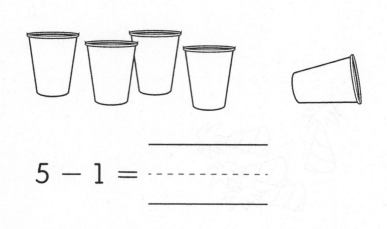

$5 - 1 =$ _____

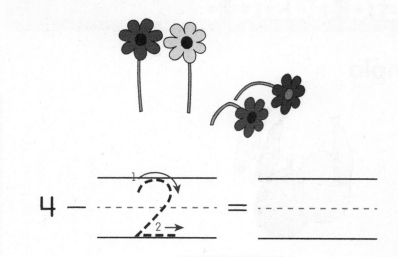

$4 - 2 =$ _____

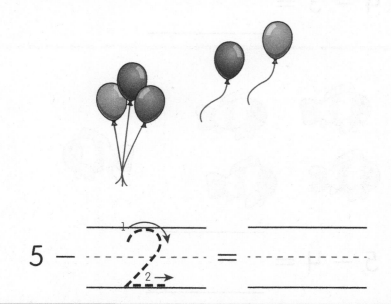

$5 - 2 =$ _____

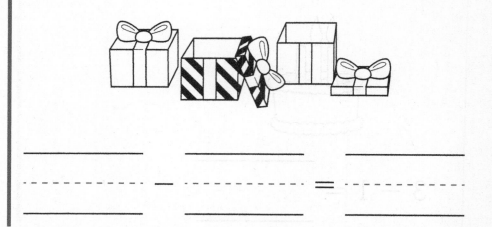

_____ $-$ _____ $=$ _____

Resta hasta 5

Nombre _____

Ejemplo

$$5 - 1 = \text{_____}$$

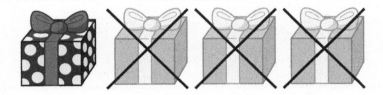

$$4 - 3 = \text{_____}$$

$$3 - 2 = \text{_____}$$

Guíe a su niño o niña para que haga un problema de palabras para cada grupo de dibujos. Luego pídale que cuente y que escriba el número que le quedó. Pídale que lea en voz alta la oración numérica que completó y que la conecte con el problema de palabras.

$$4 - = $$

$$5 - = $$

$$ - = $$

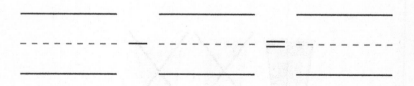

Estimada familia:

Esta semana su niño está aprendiendo a sumar dentro de 10.

Esta lección incluye problemas de suma con totales desde 6 hasta 10 y continúa para conectar problemas-cuento con dibujos, objetos, modelos y oraciones numéricas. En clase, su niño también puede modelar problemas de suma con los dedos, que son herramientas útiles y fácilmente disponibles para sumar.

Su niño hallará dos números que suman un total dado usando fichas en un marco de diez. También sumará dos números que tengan una suma hasta 10. El trabajo repetido con marcos de diez lleva a la habilidad de visualizar rápidamente números como cantidades, lo que es importante para desarrollar destrezas para sumar. También, como el marco de diez está hecho de 10 cajas dispuestas en 2 filas de 5, puede ayudar a su niño a ver cómo los números que se suman y el total se relacionan ambos con 5 y 10, una comprensión útil para trabajar más adelante con números mayores.

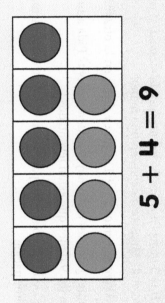

$5 + 4 = 9$

Invite a su niño a compartir lo que sabe sobre sumar dentro de 10 haciendo juntos la siguiente actividad.

CONTINÚA

Actividad: Sumar dentro de 10

Pida a su niño que use los dedos para resolver los problemas de suma a continuación y que le diga cada total. Puede presentar los problemas en un contexto de cuento. Su niño puede sumar con los dedos de la manera en la que prefiera.

Si su niño necesita ayuda, pídale que lo imite mientras usted usa sus dedos para halla 5 + 4.

• Diga: *Hay 5 tazas en el lavabo y 4 tazas en la mesada. ¿Cuántas tazas hay en total?* Muestre 5 dedos en una mano.

• Diga: *Ahora sumemos 5 y 4.* Levante 4 dedos en la otra mano.

• Pregunte: *¿Cuántos dedos hay levantados ahora?* Pida a su niño que cuente los 9 dedos que están levantados.

Siga un procedimiento similar para resolver los otros problemas que están a continuación.

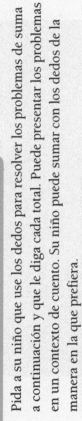

$$5 \quad + \quad 4$$

$5 + 2 = 7$

$7 + 1 = 8$

$6 + 3 = 9$

$8 + 2 = 10$

$5 + 1 = 9$

$1 + 5 = 9$

Suma hasta 10

Nombre _____

TIENDA DE MASCOTAS

Pida a su niño o niña que use rojo y amarillo para colorear un grupo de objetos relacionados y que describa un problema de suma. Por ejemplo, su niño o niña puede colorear 4 collares grandes de rojo y 6 collares pequeños de amarillo y demostrar que 4 + 6 = 10. Luego pídale que use otros dos colores para colorear otro grupo de objetos relacionados y que describa un problema de suma. Pídale que coloree el resto del dibujo.

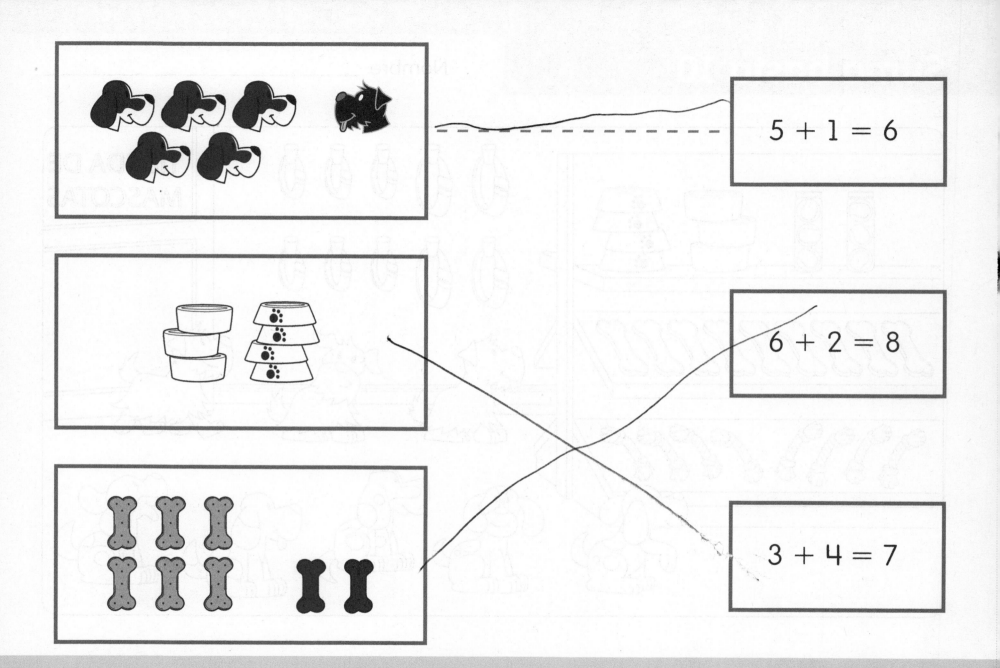

5 + 1 = 6

6 + 2 = 8

3 + 4 = 7

Pida a su niño o niña que empareje los dibujos con las oraciones de suma. Pídale que describa los dos grupos y el total en cada dibujo. Lean juntos y en voz alta cada oración numérica. Luego pídale que trace líneas para emparejar cada dibujo con su oración de suma.

Suma hasta 10

Nombre _____

Ejemplo

6 + 1 = _____

4 + 2 = _____

5 + 3 = _____

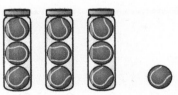

9 + 1 = _____

Guíe a su niño o niña para que compare cada dibujo con la oración de suma y que luego cuente y que escriba el total. Pídale que lea en voz alta la oración numérica que completó. Ayude a su niño o niña a conectar el total escrito con la cantidad total de objetos mostrados.

$5 + $ 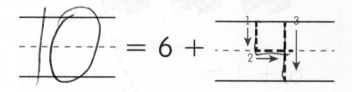 $=$

$= 6 + $

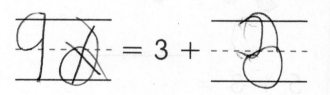 $= 3 + $

Guíe a su niño o niña para que compare cada dibujo con la oración de suma y que luego complete la oración numérica. Pídale que lea en voz alta la oración numérica que completó. Ayude a su niño o niña a conectar el total escrito con la cantidad total de animales que se muestran.

Suma hasta 10

Ejemplo

$8 + 1 = \underline{9}$

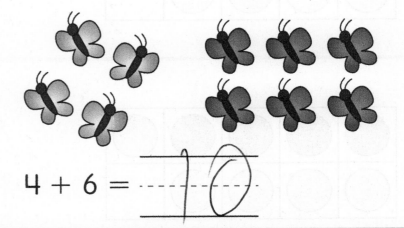

$4 + 6 = \underline{10}$

$1 + 8 = \underline{9}$

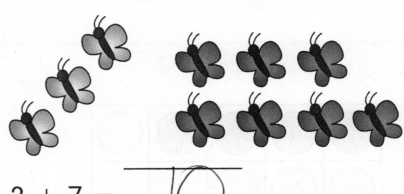

$3 + 7 = \underline{10}$

Guíe a su niño o niña para que compare cada dibujo con la oración de suma y que luego cuente y escriba el total. Pídale que lea en voz alta la oración numérica que completó. Ayude a su niño o niña a conectar el total escrito con la cantidad total de objetos que se muestran.

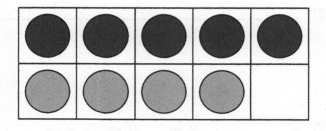

$5 +$ 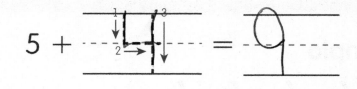 $=$ 9

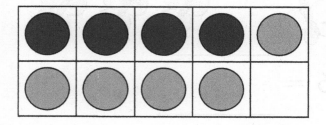

9 $= 4 +$ 5

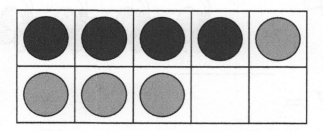

8 $=$ 4 $+$ 4

Guíe a su niño o niña para que compare cada dibujo con la oración de suma y que luego complete la oración numérica. Pídale que lea en voz alta la oración numérica que completó. Ayude a su niño o niña a conectar el total escrito con la cantidad total de fichas mostradas.

Estimada familia:

Esta semana su niño está aprendiendo a restar dentro de 10.

Esta lección incluye problemas de resta que incluyen quitar una parte a un grupo de hasta 10 objetos y hallar cuánto queda. Hay un enfoque continuo en conectar problemas-cuento sobre resta con dibujos, objetos, modelos y oraciones numéricas.

Su niño también estudiará dibujos de manos como modelos para restar y puede practique que practique problemas de resta con los dedos. Se usarán fichas en marcos de 10 para demostrar y resolver problemas de resta. Investigar estos varios modelos permitirá a su niño continuar desarrollando una comprensión sólida de lo que significa restar. Estos modelos también recalcan la relación entre los números en cada problema de suma con 5 y 10. Esto es útil tanto para la resta dentro de 10 como para la resta con números mayores.

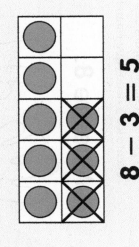

Comience con 8 fichas. Luego quite 3.

$$8 - 3 = 5$$

Invite a su niño a compartir lo que sabe sobre restar dentro de 10 haciendo juntos la siguiente actividad.

CONTINÚA

Actividad: Restar dentro de 10

Pida a su niño que use los dedos para resolver los problemas de suma a continuación y que le diga la respuesta. Puede presentar los problemas en un contexto de cuento. Su niño puede restar con los dedos de la manera que prefiera.

Si su niño necesita ayuda, pídale que lo imite mientras usted usa los dedos para resolver 8 − 3.

- Diga: *Tenía 8 uvas y comí 3. ¿Cuántas uvas quedan?* Muestre 8 con 5 dedos en una mano y 3 dedos en la otra.

- Diga: *Ahora quitemos 3.* Doble 3 dedos.

- Pregunte: *¿Cuántos dedos hay levantados todavía?* Pida a su niño que cuente los 5 dedos que están levantados.

Muestre 8.   Quite 3.

Siga un procedimiento similar para resolver los otros problemas de resta que están a continuación.

8 − 3 = _____   10 − 5 = _____

10 − 4 = _____   9 − 3 = _____

7 − 2 = _____   6 − 4 = _____

Resta hasta 10

Nombre _____

Pida a su niño o niña que coloree las 4 flores que están derechas y las 2 flores que están caídas. Luego pídale que cuente un cuento sobre resta para esta parte del dibujo. Luego pídale que coloree una parte del dibujo que muestre 10 menos 1 y que cuente un cuento sobre eso. Por ejemplo: *El niño tenía 10 globos. Un globo se fue volando. ¿Cuántos globos tiene el niño ahora?* Pídale que coloree el resto del dibujo.

$$8 - 1 = 7$$

$$9 - 3 = 6$$

$$7 - 2 = 5$$

Pida a su niño o niña que empareje los dibujos con las oraciones de resta. Pídale que diga cuántos objetos hay en total en cada dibujo y que luego describa cuántos son restados. Guíe a su niño o niña para que halle la oración numérica que corresponda con cada dibujo y léanla juntos en voz alta mientras miran el dibujo. Luego pídale que trace una línea para mostrar la conexión.

Resta hasta 10

Nombre _____

Ejemplo

$$6 - 2 = $$

$$6 - 4 = $$ ----------

$$7 - 1 = $$ ----------

$$8 - 3 = $$ ----------

Guíe a su niño o niña para que compare cada dibujo con la oración numérica y que luego complete la oración de resta. Pídale que marque con una X los animales u objetos que se restan. Luego pídale que complete la oración numérica. Lean juntos en voz alta cada oración numérica.

$$7 - 4 = \text{------}$$

$$9 - \text{------} = \text{------}$$

$$8 - \text{------} = \text{------}$$

Guíe a su niño o niña para que compare cada dibujo con la oración numérica y que luego complete la oración numérica. Pídale que marque con una X los animales u objetos que se restan. Luego pídale que complete cada oración numérica. Lean juntos en voz alta cada oración numérica.

Resta hasta 10

Ejemplo

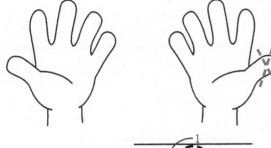

$10 - 1 =$

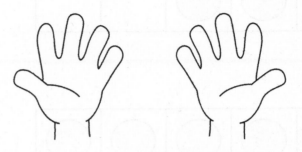

$10 - 3 =$

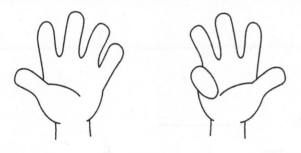

$9 - 2 =$

$7 - 4 =$

Guíe a su niño o niña para que compare los dibujos de los dedos con las oraciones numéricas. Pídale que marque con una X los dedos que se restan. Luego guíe a su niño o niña para que complete cada oración numérica. Lean juntos en voz alta cada oración numérica.

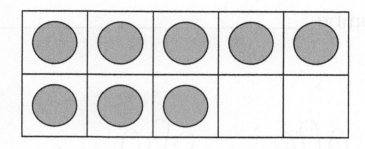

$8 - 6 = $ _____

_____

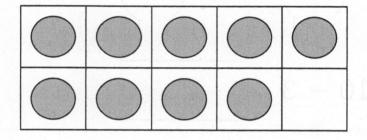

_____ _____

_____ = _____ $- 6$

_____ _____

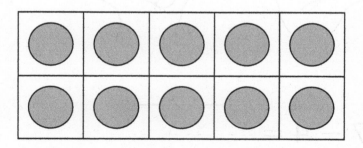

_____ _____

_____ = _____ $- 6$

_____ _____

Guíe a su niño o niña para que compare cada dibujo con la oración numérica. Pídale que marque con una X las fichas que se restan. Luego guíe a su niño o niña para que complete cada oración numérica. Lean juntos en voz alta cada oración numérica.

Estimada familia:

Esta semana su niño está repasando operaciones tanto de suma como de resta dentro de 5 y pasando de problemas con dibujos a problemas solo con números.

Esta lección comienza a mostrar cómo las operaciones de suma y resta se relacionan entre sí. Por ejemplo, saber que 3 + 1 = 4 lo puede ayudar a hallar 4 − 1 = 3. Y saber que 3 + 2 = 5 lo puede ayudar a hallar 5 − 2 = 3. Enfocarse en las relaciones entre operaciones matemáticas ayudará a su niño a desarrollar destrezas sólidas para resolver problemas, así como a resolver problemas de suma y resta más rápido y con exactitud.

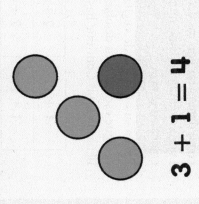

3 + 1 = 4

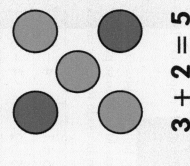

3 + 2 = 5

La lección de esta semana pasa de resolver problemas con dibujos a resolver problemas solo con números. Aun con problemas solo con números, se alentará a su niño para que use cualquier estrategia que guste para resolverlos, tal como demostrar con los dedos.

Invite a su niño a compartir lo que sabe sobre practicar operaciones de suma y resta hasta 5 haciendo juntos la siguiente actividad.

CONTINÚA

Materiales: 20 tarjetas de fichero o pedazos de papel, una taza pequeña y alrededor de 60 objetos pequeños (tales como monedas de 1 centavo, frijoles secos o formas de pasta)

Ayude a su niño a practicar operaciones de suma y resta hasta 5 haciendo esta actividad.

- Escriba las operaciones de suma y resta a continuación en tarjetas de fichero o pedazos de papel. Mezcle las tarjetas y colóquelas boca abajo en una pila.

- Su niño da vuelta la tarjeta superior y usa cualquier estrategia (tal como demostrar con los dedos u objetos) para hallar la respuesta. Luego cuenta el mismo número de objetos que la respuesta y los coloca en la taza.

- Pida a su niño que dé vuelta las tarjetas, halle la respuesta y agregue ese número de objetos en la taza. ¡Mire cómo se puede llenar la taza! Continúe hasta que se hayan usado todas las tarjetas.

1 + 1	2 + 2	5 − 1	4 − 2
1 + 2	2 + 3	5 − 2	4 − 3
1 + 3	3 + 1	5 − 3	3 − 1
1 + 4	3 + 2	5 − 4	3 − 2
2 + 1	4 + 1	4 − 1	2 − 1

Practica datos hasta 5

Nombre _____

Pida a su niño o niña que coloree los 5 niños del dibujo. Luego pídale que cuente un cuento sobre suma y un cuento sobre resta sobre los 5 niños. Por ejemplo: *Hay 2 niñas y 3 niños en la playa. ¿Cuántos niños y niñas hay en la playa?* También: *Hay 5 amigos jugando. Uno de los amigos se va. ¿Cuántos amigos están jugando ahora?* Anime a su niño o niña a que comparta un cuento sobre suma y uno sobre resta para cada grupo de objetos mientras colorea el resto del dibujo.

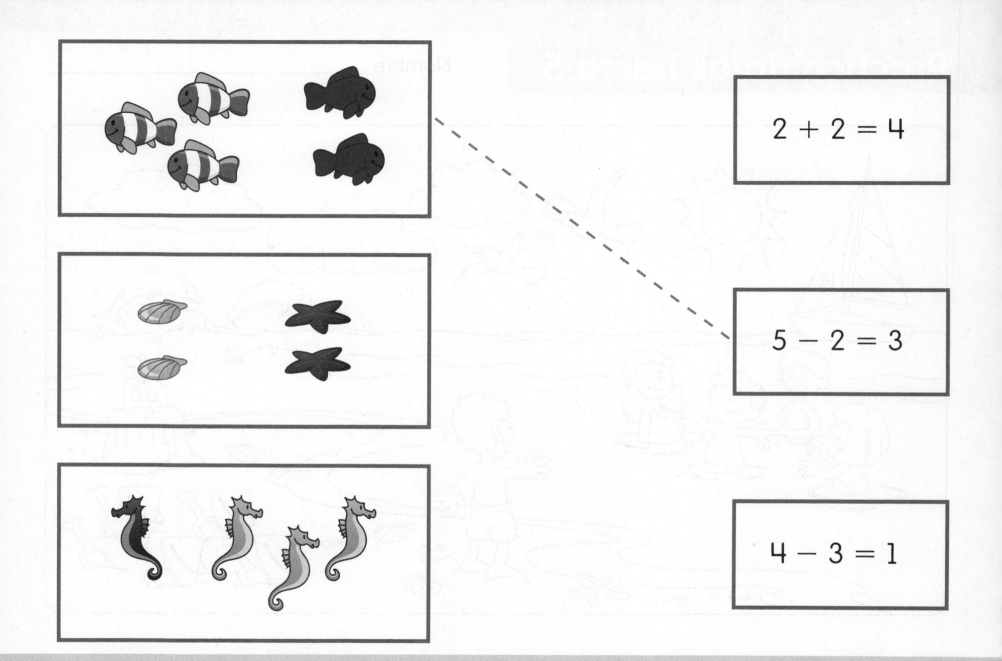

$$2 + 2 = 4$$

$$5 - 2 = 3$$

$$4 - 3 = 1$$

Pida a su niño o niña que empareje los dibujos con las oraciones numéricas. Lean juntos en voz alta cada oración numérica. Luego pídale que trace líneas para emparejar cada dibujo con la oración numérica correspondiente. Puede pedirle que en los dibujos de arriba y de abajo marque con una X los animales que se restan.

Practica datos hasta 5

Nombre _____

Ejemplo

$2 + 1 =$  3

$2 + 2 =$ _____

$3 - 1 =$ _____

$4 - 2 =$ _____

Guíe a su niño o niña para que use el dibujo como ayuda para completar cada oración numérica. Lean juntos en voz alta cada oración numérica. Guíe a su niño o niña para que busque patrones mientras compara las oraciones numéricas. Por ejemplo, 2 + 1 son 3, por lo tanto, si tienes 3 y le restas 1, te quedan 2.

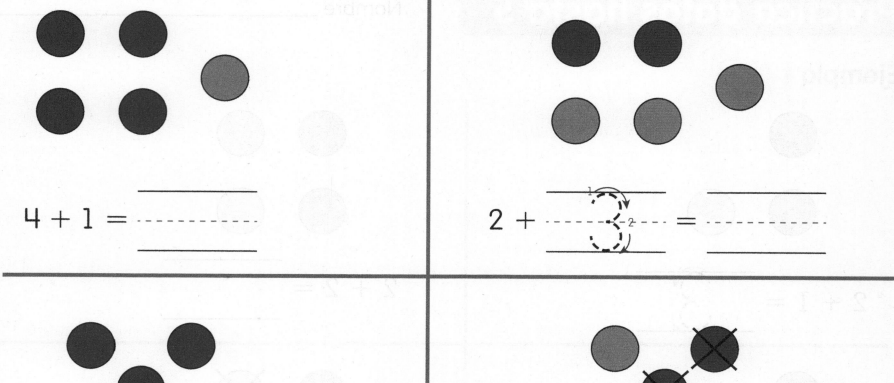

$4 + 1 = \text{------}$

$2 + \text{---} 3 \text{---} = \text{------}$

$5 - 1 = \text{------}$

$5 - \text{------} = \text{------}$

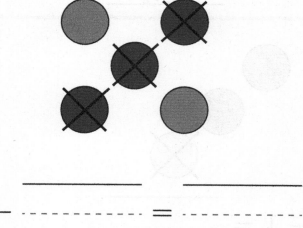

Guíe a su niño o niña para que use el dibujo como ayuda para completar cada oración numérica. Lean juntos en voz alta cada oración numérica. Guíe a su niño o niña para que busque patrones mientras compara las oraciones numéricas. Por ejemplo, 4 + 1 es 5, por lo tanto, si tienes 5 y le restas 1, te quedan 4.

Practica datos hasta 5

Nombre _____

1 = blanco   2 = verde   3 = amarillo   4 = rojo   5 = morado

$3 + 2$	$4 + 1$	$5 - 1$	$5 - 4$
$2 + 2$	$2 + 3$	$5 - 3$	$4 - 3$
$1 + 2$	$3 + 1$	$4 - 0$	$3 - 2$
$0 + 2$	$1 + 3$	$4 - 2$	$2 - 1$

Pida a su niño o niña que coloree los datos de acuerdo a los colores de las respuestas que se muestran en la parte de arriba de la página. Hablen de los patrones de números que pueda haber en las filas y en las columnas. Pídale que trace líneas para emparejar los datos que tengan los mismos sumandos pero en un orden diferente.

$1 + 1 = \underline{2}$

$3 + 1 = \underline{}$

$5 - 3 = \underline{8}$

$4 - 0 = \underline{}$

$4 - 2 = \underline{6}$

$\underline{1} + \underline{3} = 4$

$3 - 1 = \underline{4}$

$\underline{3} - \underline{1} = 4$

Pida a su niño o niña que complete cada dato. Guíe a su niño o niña para que complete cada dato de la primera columna. Hablen de los patrones que su niño o niña halle. Luego pídale que complete los dos primeros datos de la segunda columna. Hablen de los patrones que su niño o niña halle. Luego pídale que escriba un dato de suma y un dato de resta que sea igual a 4, pero que sea diferente de los que están arriba.

Suma y resta

Nombre _____

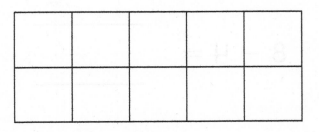

$4 + 0 = 4$

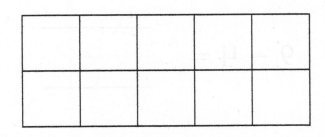

$1 + 4 = 5$

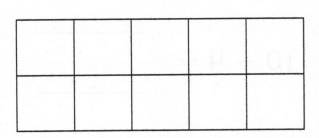

$0 + 10 = 10$

Pida a los niños que hallen dos números que sumados formen un total dado. Pídales que coloreen cada marco de 10 de dos colores diferentes para mostrar sus números. Explíqueles que hay varias respuestas correctas para cada problema. Luego pídales que escriban los números para completar las oraciones numéricas.

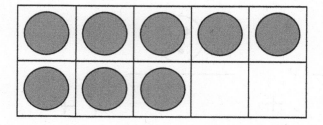

$$8 - 4 = \text{\underline{\hspace{2cm}}}$$

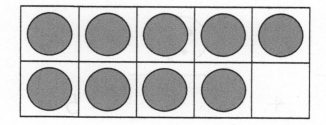

$$9 - 4 = \text{\underline{\hspace{2cm}}}$$

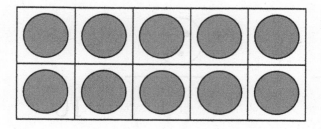

$$10 - 4 = \text{\underline{\hspace{2cm}}}$$

Pida a los niños que en cada problema tachen la cantidad de fichas que se están restando y que completen la oración numérica.

El último gana

Nombre _____

Materiales Para cada pareja: 10 fichas; para cada niño o niña: Tablero de juego para *El último gana*.

Se juega así Túrnense para colocar 1 o 2 fichas en el tablero de juego. Cuando sea tu turno di cuántas fichas hay en el tablero de juego. Luego agrega 1 o 2 fichas. Di cuántas agregaste y di el nuevo total. Por ejemplo: "Hay 3 fichas. Agregué 2 más y ahora hay 5 fichas". El jugador o la jugadora que complete el último cuadrado gana.

Estimada familia:

Esta semana su niño está investigando números del 11 al 19.

Mientras su niño investiga grupos de 11 a 19 objetos, aprenderá a reconocer que los números del 11 al 19 están formados por diez y algo más. Por ejemplo, se puede pensar en 16 como 10 y 6 más.

Comprender esto ayuda a hacer la conexión entre los números del 11 al 19 y las cantidades que representan, lo cual será importante para trabajar más adelante con números mayores en nuestro sistema de valor de posición.

En clase, su niño puede demostrar los números del 11 al 19 con cubos y/o marcos de diez. Cuando demuestra con cubos conectables, los números se pueden mostrar como un grupo de 10 cubos conectados y algunos cubos adicionales. Cuando demuestra con marcos de diez, los números se muestran completando un marco de diez con fichas y luego colocando fichas adicionales en un segundo marco de diez para mostrar 10 y más.

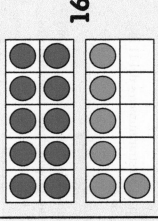

16

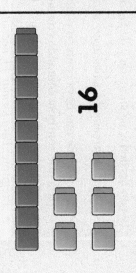

16

Invite a su niño a compartir lo que sabe sobre números del 11 al 19 haciendo juntos la siguiente actividad.

Actividad: Investigar números del 11 al 19

Materiales: 9 tarjetas de fichero o pedazos pequeños de papel

Haga tarjetas con números del 11 al 19 escribiendo los números en las tarjetas de fichero o pedazos de papel. (Puede quedarse con estas tarjetas para volverlas a usar con la Lección 23). Coloque las tarjetas boca abajo en una pila

Diga a su niño que trabajarán juntos para mostrar números del 11 al 19 con los dedos de su mano y de las de él.

- Diga: *Mostremos 14. Comenzaré usando mis dedos para contar 10.*

- Después de que haya contado y mostrado 10 dedos, guíe a su niño para que continúe contando con sus propios dedos, levantando los dedos de a uno hasta que llegue a 14.

- Pregunte: *Para formar 14, necesitamos 10 ¿y cuántos más?* Su niño debe responder que necesita 10 y 4 más para formar 14.

Repita la actividad, pidiendo a su niño que dé vuelta la tarjeta superior y que trabajen juntos para mostrar el número con sus dedos. Continúe hasta que hayan usado todas las tarjetas.

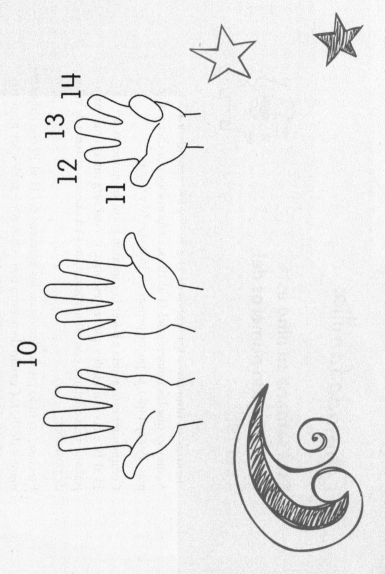

Comprende Números del 11 al 19

Nombre _____

¿Qué son los números del 11 al 19?

11   12   13   14   15   16   17   18   19

Pida a su niño o niña que coloree los primeros 10 cubos de color rojo. Luego pídale que coloree 3 cubos más de color azul y que encierre en un círculo la cantidad total de cubos coloreados.

¿Qué son los números del 11 al 19?

11   12   13   14   15   16   17   18   19

Pida a su niño o niña que coloree los 10 primeros cubos de color rojo. Luego pídale que coloree los cubos "adicionales" de un color diferente. Pídale que encierre en un círculo la cantidad total de cubos coloreados.

Comprende Números del 11 al 19

Nombre _____

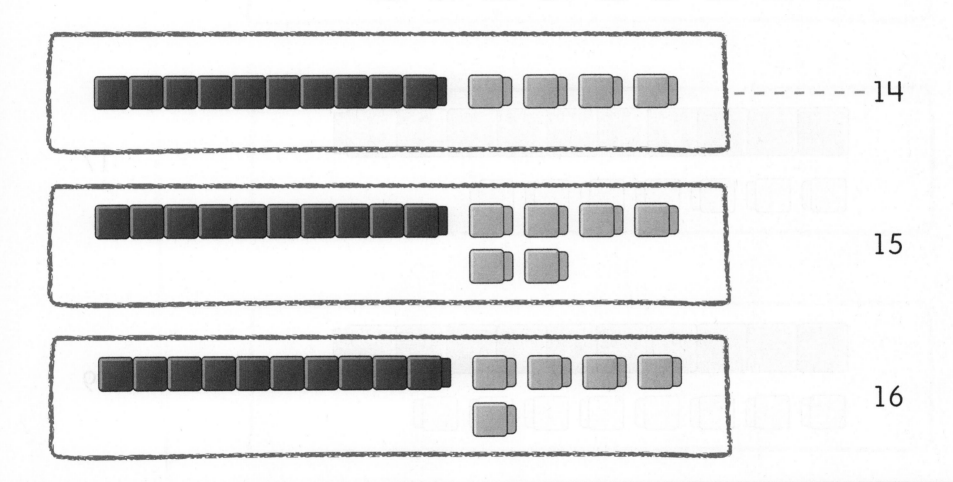

14

15

16

Guíe a su niño o niña para que empareje grupos de cubos con números del 11 al 19. Pida a su niño o niña que describa los cubos de cada grupo como 10 y alguna cantidad adicional. Por ejemplo, para describir los cubos de la casilla de arriba, su niño o niña puede decir: "Hay 10 cubos y 4 adicionales". Luego pídale que trace líneas para emparejar los dibujos con los números.

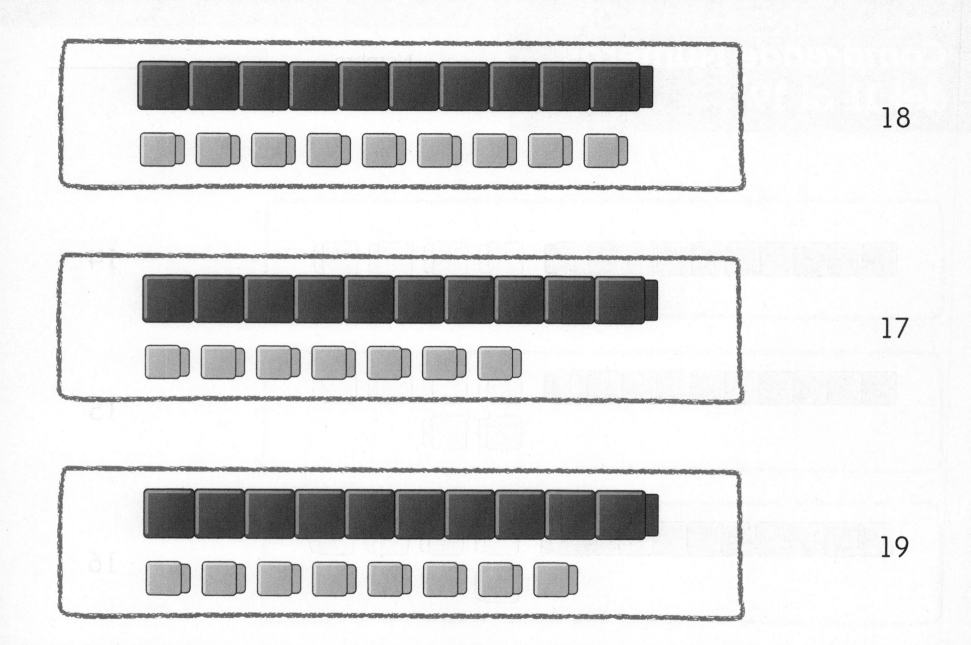

18

17

19

Guíe a su niño o niña para que empareje grupos de cubos con números del 11 al 19. Pida a su niño o niña que describa los cubos de cada grupo como 10 y alguna cantidad adicional. Luego pídale que trace líneas para emparejar los dibujos con los números.

182 **LECCIÓN 21** *Comprende* **Números del 11 al 19**

©Curriculum Associates, LLC   Se prohíbe la reproducción.

Comprende Números del 11 al 19

Ejemplo

16 **?**

12 **?**

17 **?**

Guíe a su niño o niña para que verifique si el número del 11 al 19 coincide con el modelo. Recuérdele que los números del 11 al 19 se forman con 10 y algunos más. Pida a su niño o niña que coloree la carita sonriente si el número y el modelo coinciden o la carita triste si no coinciden.

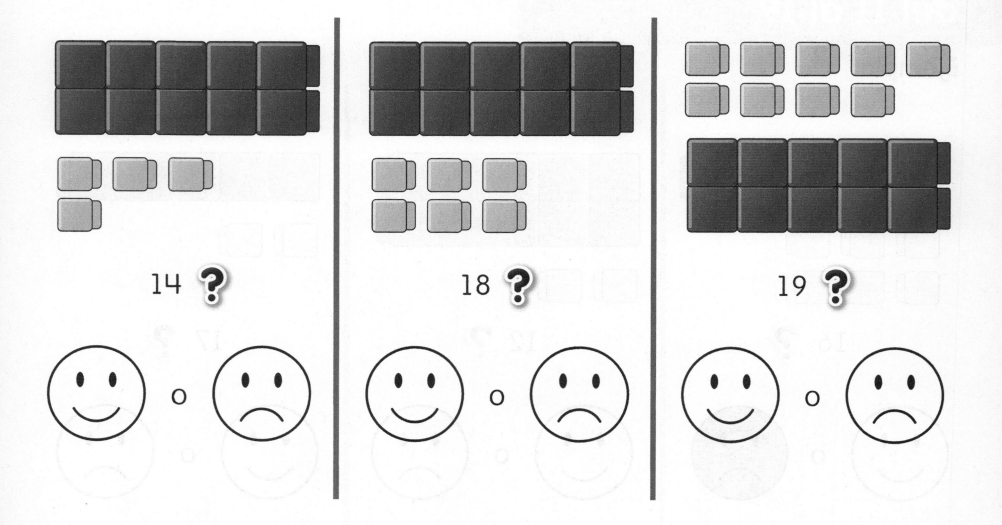

14 **?**

18 **?**

19 **?**

Guíe a su niño o niña para que verifique si el número del 11 al 19 coincide con el modelo. Recuérdele que los números del 11 al 19 se forman con 10 y algunos más. Pida a su niño o niña que coloree la carita sonriente si el número y el modelo coinciden o la carita triste si no coinciden.

Estimada familia:

Esta semana su niño está desarrollando destrezas para contar con números del 11 al 19 y el número 20.

La lección ofrece práctica para contar grupos de 11 a 20 objetos usando una variedad de estrategias para llevar un registro de lo que se está contando. Por ejemplo, su niño puede señalar o mover cada objeto a medida que se cuenta o marcar cada objeto en un dibujo a medida que se cuenta.

También continuará habiendo un enfoque en la comprensión de los números del 11 al 19 como 10 y algo más. Por ejemplo, puede contar dibujos de objetos haciendo un círculo en un grupo de 10 objetos primero y luego contando los "adicionales" más allá de 10 para hallar cuántos más hay.

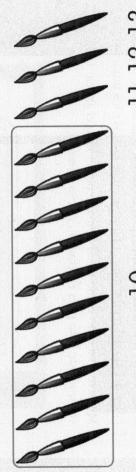

10

11 12 13

Organizar los números del 11 al 19 de esta manera ayudará a su niño a prepararse para trabajar con números más allá de 20, que se pueden representar como grupos de decenas y unidades.

Esta lección también incluye práctica de escritura de números del 11 al 19 y el número 20.

Invite a su niño a compartir lo que sabe sobre números del 11 al 19 y el número 20 haciendo juntos la siguiente actividad.

CONTINÚA

Actividad: Contar números del 11 al 19

Materiales: recipiente poco profundo de plástico con tapa o bandeja para hornear poco profunda, $\frac{1}{2}$ a 1 taza de sal o azúcar, papel de color (opcional)

Su niño usará su dedo para practicar la escritura de los números del 11 al 20 en una capa de sal o azúcar.

• Vierta $\frac{1}{2}$ a 1 taza de sal o azúcar en un recipiente plástico poco profundo o una bandeja de hornear poco profunda. Esparza la sal o el azúcar en una fina capa.

• Pida a su niño que use su dedo para practicar la escritura de los números del 11 al 19 en la sal o el azúcar. (Nota: Si su niño está trabajando en una mesa blanca, puede colocar una hoja de papel de color debajo del recipiente para que sea más fácil ver los números.)

• Muestre a su niño cómo pasar la mano por la sal o el azúcar cada vez que esté listo para escribir un nuevo número.

Además de hacer la actividad de arriba, practique contar 11 a 20 objetos con su niño cada vez que pueda. Por ejemplo, aliente a su niño a contar los huevos que hay en un cartón de huevos, las pasas que hay en un plato o los crayones que hay en una caja.

Cuenta con los números del 11 al 19

Nombre _____

Pida a su niño o niña que coloree un grupo de 15 frascos de pintura, 10 de verde y el resto de anaranjado. Pídale que coloree un grupo de 12 acuarelas en la bandeja de la acuarela, 10 de verde y el resto de morado. Pida a su niño o niña que coloree el resto del dibujo.

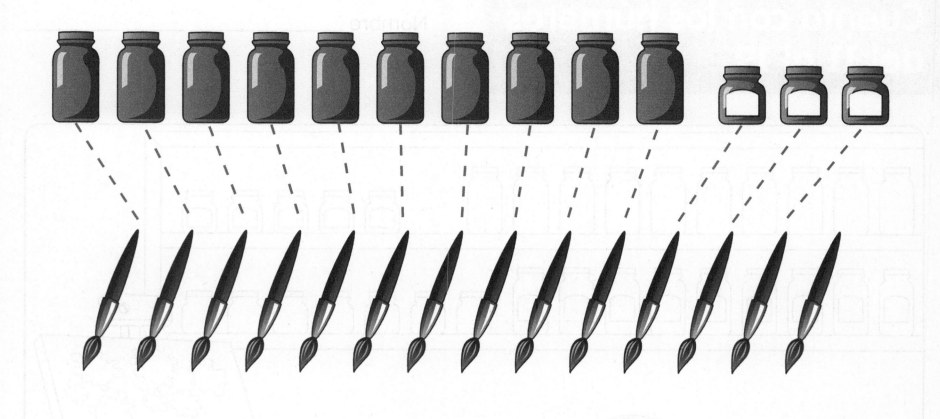

Pida a su niño o niña que cuente y trace líneas para emparejar los objetos. Pídale que cuente mientras traza las líneas para emparejar los frascos de pintura con los pinceles. Pida a su niño o niña que le diga cuántos frascos y cuántos pinceles hay en total. Luego pídale que empareje los pinceles con las manchas de pintura y cuente en voz alta mientras traza las líneas.

Cuenta con los números del 11 al 19

Nombre _____

Ejemplo

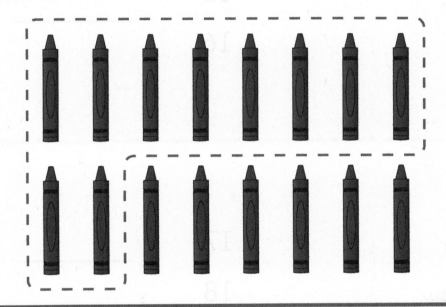

14

15

16

11

12

13

14

15 - - - - - - - - - -

16

17

18 - - - - - - - - - -

19

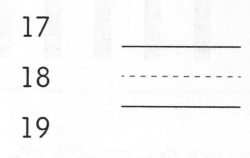

Guíe a su niño o niña para que cuente con números del 11 al 19. Pida a su niño o niña que cuente los objetos de cada problema. Luego pídale que escriba cuántos contó. Pídale que para verificar su respuesta encierre en un círculo un grupo de 10 objetos y que luego cuente los "adicionales".

Cuenta con los números del 11 al 19

Nombre _____

Ejemplo

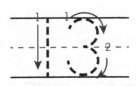 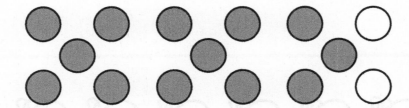

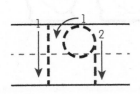 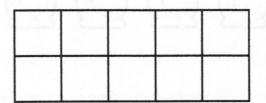 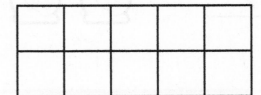

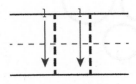 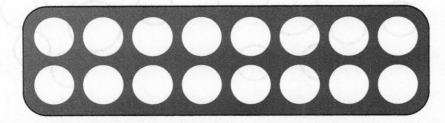

Guíe a su niño o niña para que trace cada número del 11 al 19 y luego que cuente en voz alta esa cantidad de figuras. Guíe a su niño o niña para que marque levemente cada figura mientras cuenta para llevar el control de lo que ha contado. Luego pídale que vuelva a contar y que coloree las figuras.

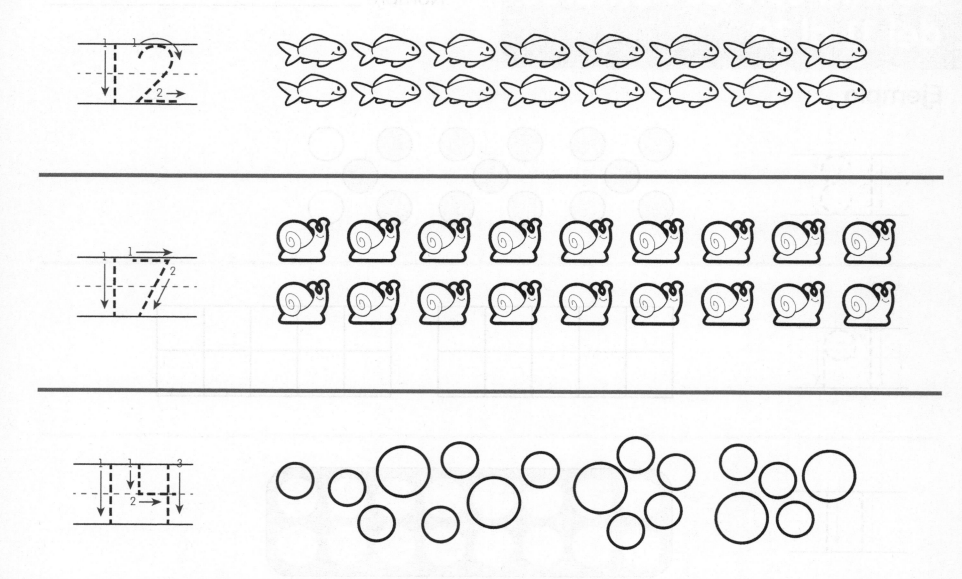

Guíe a su niño o niña para que trace cada número del 11 al 19 y que luego cuente en voz alta esa cantidad de objetos. Guíe a su niño o niña para que marque levemente cada objeto mientras cuenta para llevar el control de lo que ha contado. Luego pídale que vuelva a contar y que coloree los objetos.

Estimada familia:

Esta semana su niño está aprendiendo a formar números del 11 al 19 combinando un grupo de 10 y algo más.

La lección usa dibujos, marcos de diez y vínculos numéricos para mostrar números del 11 al 19 como un grupo de 10 y algunos adicionales. Por ejemplo, el número 16 se puede mostrar en un marco de diez colocando 10 fichas en un marco y 6 fichas en otro marco.

Marcos de diez

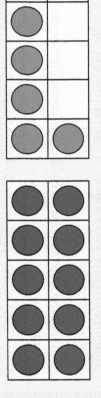

El grupo de 10 y el grupo de 6 que forman 16 también se pueden representar con un vínculo numérico. Un **vínculo numérico** es un modelo que muestra las partes que forman un número. Usar vínculos numéricos ayudará a su niño a pensar sobre cómo formar y descomponer números, lo cual será importante para el trabajo futuro con la suma y la resta. El vínculo numérico a continuación muestra que 10 y 6 son partes de 16.

Vínculo numérico

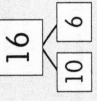

Invite a su niño a compartir lo que sabe sobre formar números del 11 al 19 haciendo juntos la siguiente actividad.

CONTINÚA

Actividad: Formar números del 11 al 19

Materiales: tarjetas de fichero o pedazo pequeños de papel, 19 objetos pequeños (tales como cereales, formas de pasta o monedas de 1 centavo), hoja de papel y lápiz

Haga tarjetas con números del 11 al 19 en tarjetas de fichero o en pedazos pequeños de papel, o use las tarjetas de la actividad de la Lección 21. Coloque las tarjetas boca abajo en una pila.

Dibuje un vínculo numérico grande que cubra toda la hoja de papel. Ayude a que su niño complete cada uno de los siguientes pasos para practicar cómo mostrar números del 11 al 19 como 10 y algo más.

- Dé vuelta una tarjeta. Cuente la cantidad de objetos y colóquelos en la caja superior del vínculo numérico.

- Mueva 10 de los objetos de la caja superior del vínculo numérico a la caja inferior izquierda del vínculo numérico.

- Mueva el resto de los objetos de la caja superior a la caja inferior derecha.

- Coloque la tarjeta numérica en la caja superior del vínculo numérico.

- Aliente a su niño para que describa el vínculo numérico en términos de 10 y algo más. Por ejemplo, "10 y 4 más forman 14".

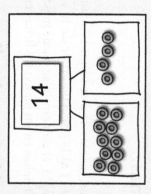

Forma números del 11 al 19

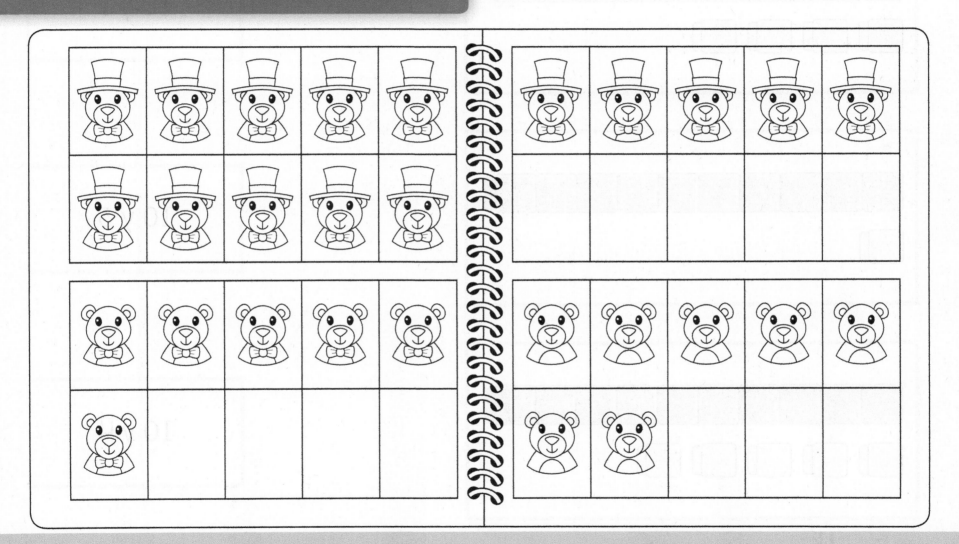

Pida a su niño o niña que coloree de marrón todos los osos del marco de 10 superior izquierdo. Luego pídale que coloree de marrón un segundo grupo de osos para formar un total de 15 osos marrones. Pídale que coloree de otros colores los otros dos grupos de osos.

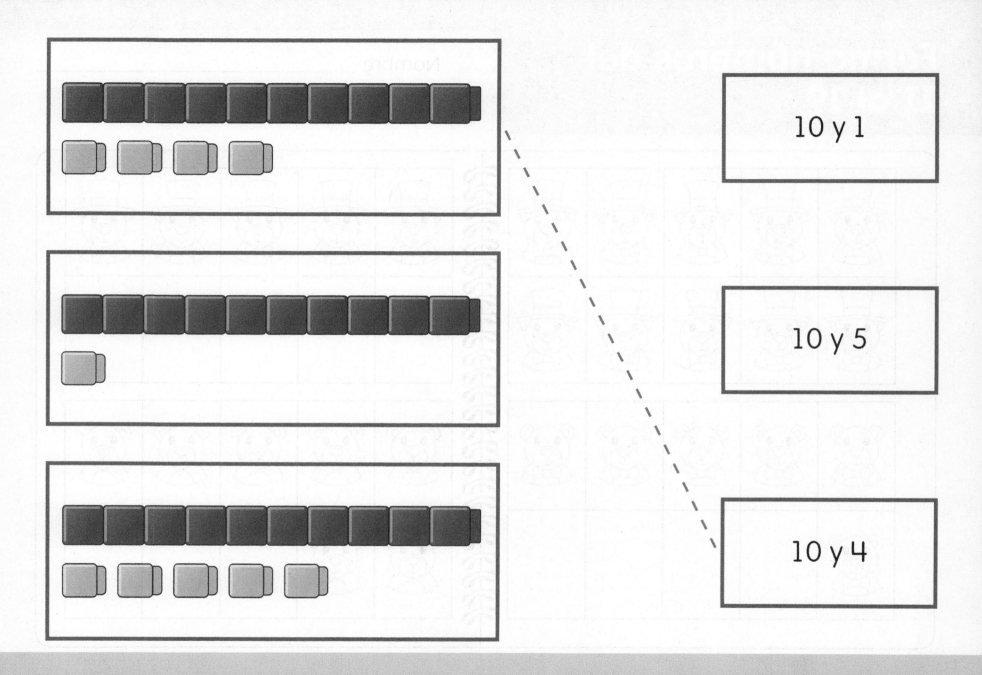

10 y 1

10 y 5

10 y 4

Pida a su niño o niña que trace líneas para emparejar cada grupo de cubos con la pareja de números que describe al grupo. Luego pídale que describa los cubos como 10 y algunos más y que diga el número del 11 al 19. Por ejemplo, su niño o niña puede decir: "10 cubos y 4 más forman 14".

Forma números del 11 al 19

Nombre _____

Ejemplo

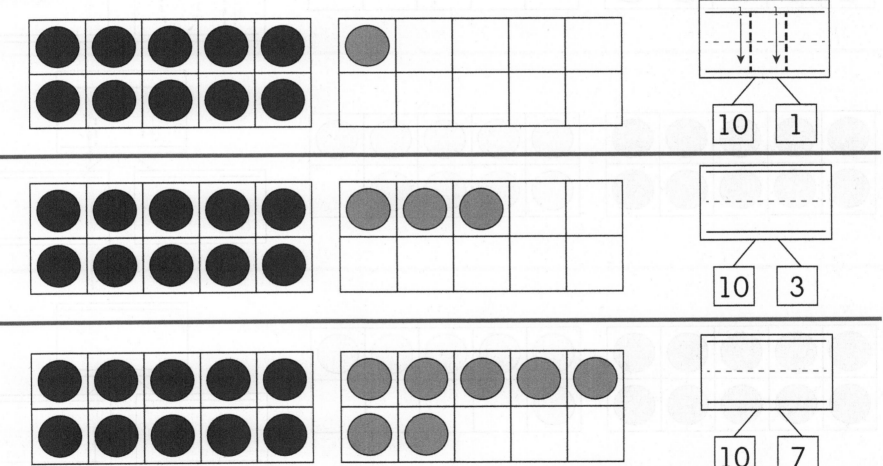

Guíe a su niño o niña para que use los marcos de 10 y los enlaces numéricos para mostrar números del 11 al 19. Pida a su niño o niña que cuente cuántas fichas gris oscuro y gris claro hay y que escriba el total de fichas arriba del enlace numérico. Guíe a su niño o niña para que describa el número como 10 y algunos más. Por ejemplo, para describir el 11, su niño o niña puede decir: "11 es 10 y 1 más".

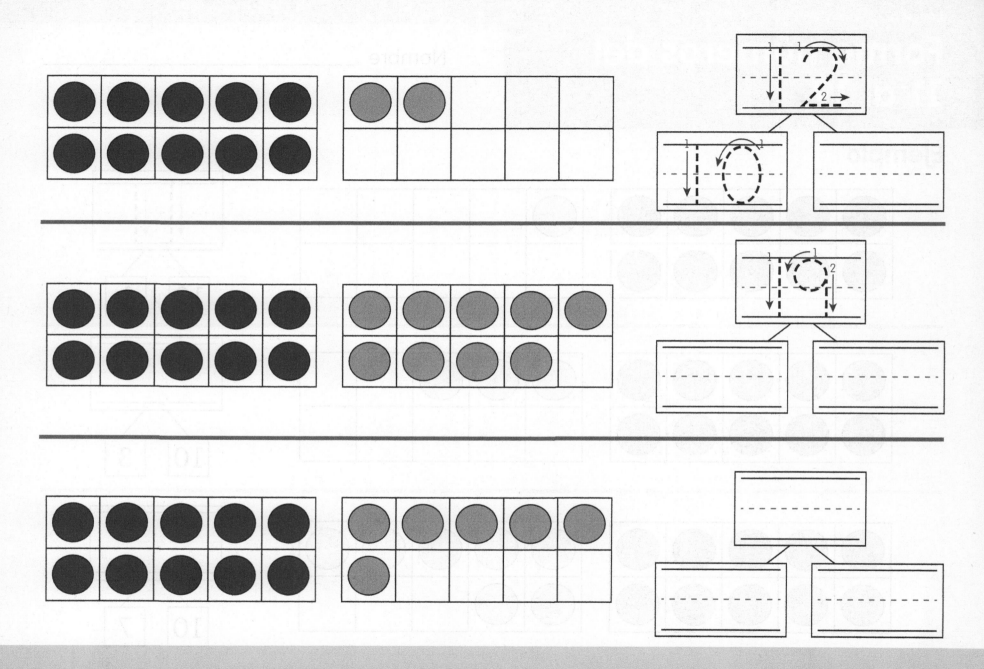

Guíe a su niño o niña para que use los marcos de 10 y los enlaces numéricos para mostrar números del 11 al 19. Pida a su niño o niña que escriba la cantidad total de fichas arriba del enlace numérico y la cantidad de fichas en cada marco de abajo. Guíe a su niño o niña para que exprese el número como 10 y algunos más.

Forma números del 11 al 19

Nombre _____

Ejemplo

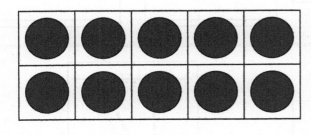 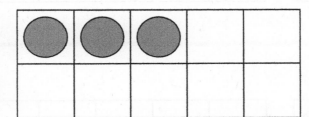 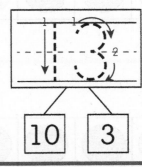

10   3

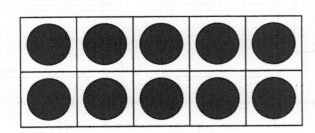 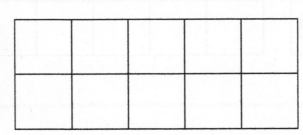 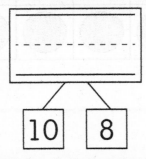

10   8

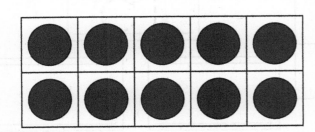 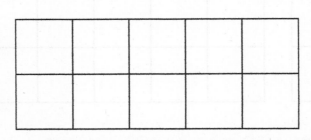

10   4

Guíe a su niño o niña para que complete los marcos de 10 y los enlaces numéricos para mostrar números del 11 al 19. Pídale que dibuje la cantidad de fichas que se necesitan para que coincida con el enlace numérico. Luego guíe a su niño o niña para que escriba el total para completar el enlace numérico.

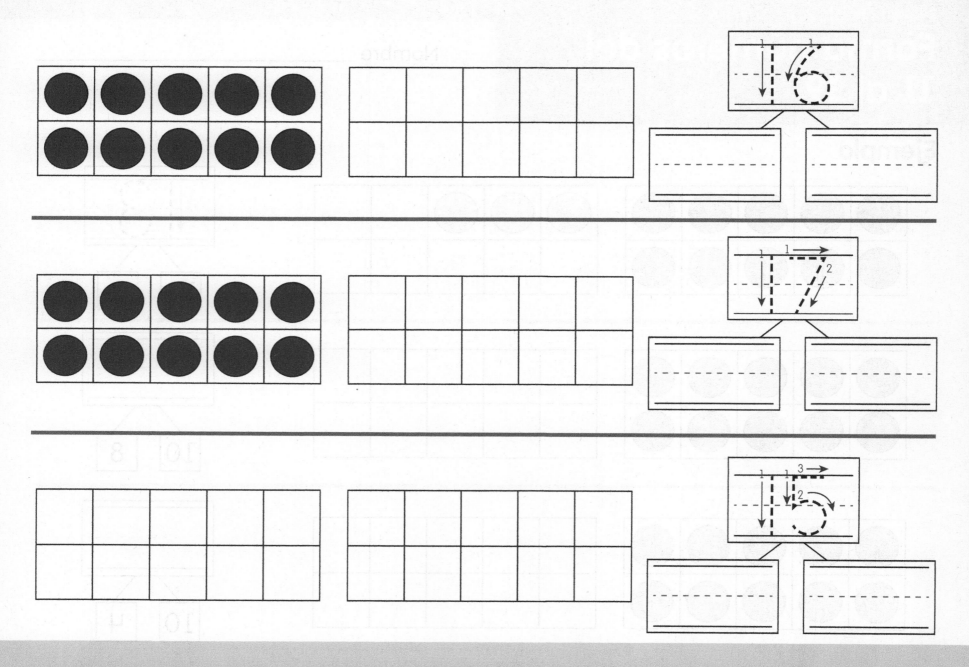

Estimada familia:

Esta semana su niño está aprendiendo a contar hasta 100 de a diez.

Contar de a diez incluye recitar las decenas (10, 20, 30, 40, etc.) hasta 100. Aprender a contar de a diez ayudará a su niño a prepararse para contar de a 1 a través de las decenas. Por ejemplo, poder recitar "10, 20, 30" ayudará a su niño a contar más adelante "19, 20, 21" y "29, 30, 31".

Contar objetos organizados en grupos de 10 ayuda a recalcar que cada decena es 10 más que la decena anterior.

Cada florero tiene 10 flores. Puedes contar de a diez para hallar que hay 50 flores en total.

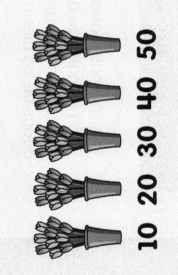

10 20 30 40 50

Su niño también practicará contar de a diez sin objetos o dibujos.

Invite a su niño a compartir lo que sabe sobre contar hasta 100 de a diez haciendo juntos la siguiente actividad.

CONTINÚA

Actividad: Contar hasta 100 de a diez

Practique contar de a diez con su niño cada vez que pueda:
¡10, 20, 30, 40, 50, 60, 70, 80, 90, 100! Para ayudar a que su niño aprenda la secuencia de las decenas y para que la práctica sea más divertida, puede agregar movimientos mientras cuenta, tal como aplaudir, marchar o golpetear los dedos de los pies mientras dice cada número. Puede turnarse con su niño para elegir qué movimiento hacer.

Si su niño necesita un desafío adicional, cuente de a diez en una secuencia de cuatro números y aplauda en lugar de decir uno de los números. Luego su niño dice el número que falta. Por ejemplo, diga "30, 40, [aplauso], 60". Su niño debe decir que el número que falta es 50.

10, 20, 30, 40, 50, 60, 70, 80, 90, 100

Hay muchas maneras de practicar cómo contar de a diez. ¡Puedes aplaudir, marchar o golpetear los dedos de los pies mientras cuentas!

Cuenta hasta 100 de diez en diez

Nombre _____

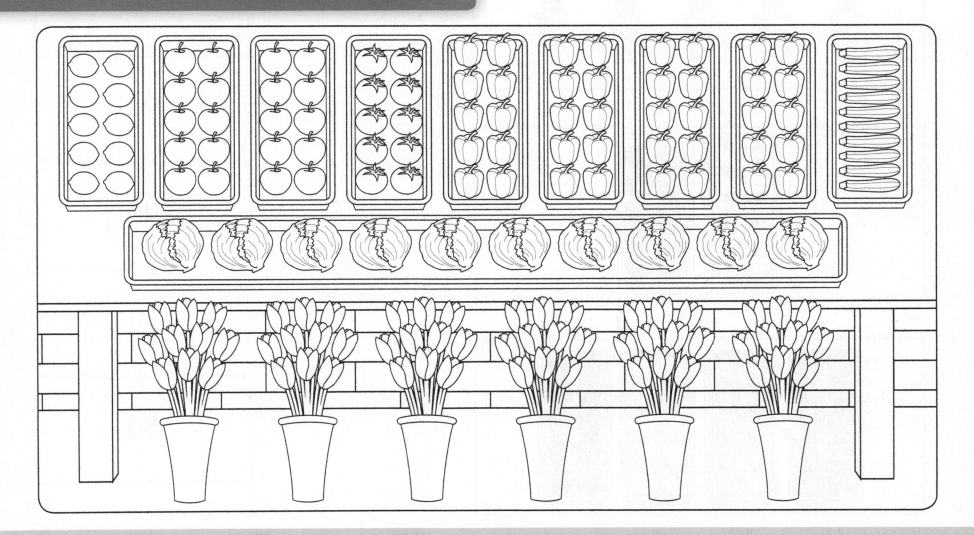

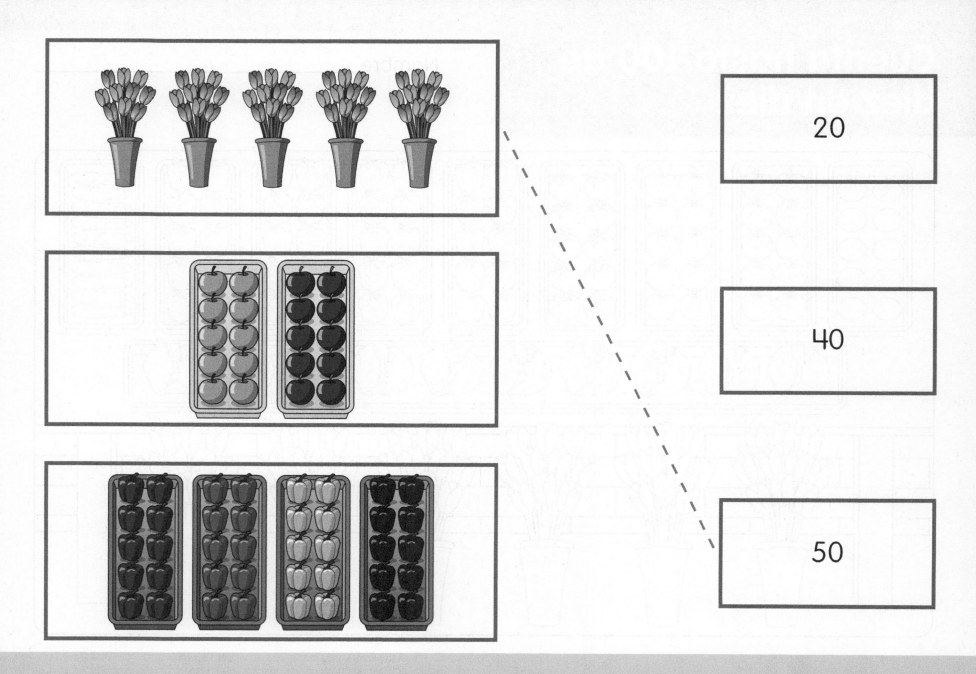

Cuenta hasta 100 de diez en diez

Nombre _____

Ejemplo

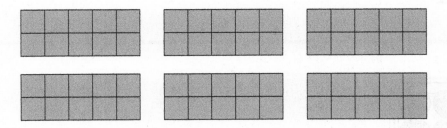

50   (60)   70

60   70   80

30   40   50

Guíe a su niño o niña para que cuente objetos de diez en diez. Explíquele que hay 10 objetos en cada grupo. Pida a su niño o niña que cuente en voz alta de diez en diez para hallar la cantidad total de objetos en cada problema. Luego pídale que encierre en un círculo la cantidad total.

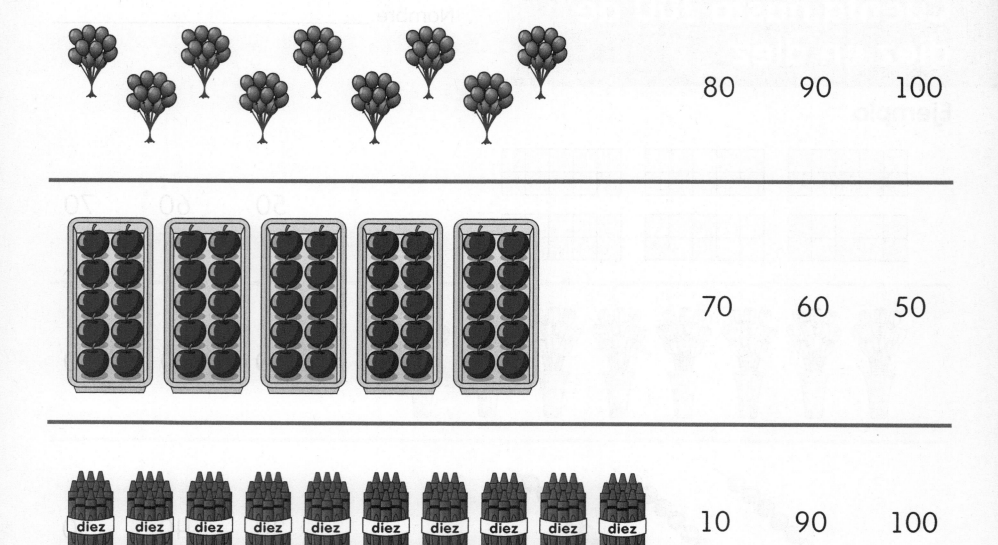

80 90 100

70 60 50

10 90 100

Guíe a su niño o niña para que cuente objetos de diez en diez. Explíquele que hay 10 objetos en cada grupo. Pida a su niño o niña que cuente en voz alta de diez en diez para hallar la cantidad total en objetos en cada problema. Luego pídale que encierre en un círculo la cantidad total.

Cuenta hasta 100 de diez en diez

Nombre _____

1	2	3	4	5	6	7	8	9	
11	12	13	14	15	16	17	18	19	20
21	22	23	24	25	26	27	28	29	
31	32	33	34	35	36	37	38	39	40
41	42	43	44	45	46	47	48	49	50
51	52	53	54	55	56	57	58	59	60
61	62	63	64	65	66	67	68	69	
71	72	73	74	75	76	77	78	79	80
81	82	83	84	85	86	87	88	89	
91	92	93	94	95	96	97	98	99	100

(10)	20	30
30	40	50
60	70	80
70	80	90

Guíe a su niño o niña para que encierre en un círculo el número a la derecha que completa el número que falta en la fila correspondiente de la tabla de 100. Pídale que en voz alta cuente de uno en uno hasta 10 para hallar el número que completa la primera fila. Luego pídale que se concentre en la última columna, cuenten juntos de diez en diez y pídale que encierre en un círculo los números que completan la tabla.

1	2	3	4	5	6	7	8	9	10
11	12	13	14	15	16	17	18	19	
21	22	23	24	25	26	27	28	29	30
31	32	33	34	35	36	37	38	39	
41	42	43	44	45	46	47	48	49	50
51	52	53	54	55	56	57	58	59	
61	62	63	64	65	66	67	68	69	70
71	72	73	74	75	76	77	78	79	80
81	82	83	84	85	86	87	88	89	
91	92	93	94	95	96	97	98	99	

10	20	30
30	40	50
60	70	80

80	90	100
80	90	100

Guíe a su niño o niña para que encierre en un círculo el número a la derecha que completa el número que falta en la fila correspondiente de la tabla de 100. Pídale que se concentre en la última columna. Cuenten juntos de diez en diez, y pída a su niño o niña que encierre en un círculo los números que completan la tabla.

Estimada familia:

Esta semana su niño está aprendiendo a contar hasta 100 de a uno.

Es importante practicar contar hasta 100 de a uno, comenzando por 1 o cualquier otro número. El enfoque está en decir los números en orden, más que en contar objetos o escribir números. En clase, su niño puede hacer varias actividades de movimiento mientras cuenta, tal como aplaudir o pasar una pelota en un grupo.

Esta lección también incluye trabajar con una tabla de 100, que es una tabla que muestra los números del 1 al 100 en 10 filas y 10 columnas. La tabla de 100 ayuda a reforzar la secuencia de números y mostrar patrones en nuestro sistema numérico.

Tabla de 100

1	2	3	4	5	6	7	8	9	10
11	12	13	14	15	16	17	18	19	20
21	22	23	24	25	26	27	28	29	30
31	32	33	34	35	36	37	38	39	40
41	42	43	44	45	46	47	48	49	50
51	52	53	54	55	56	57	58	59	60
61	62	63	64	65	66	67	68	69	70
71	72	73	74	75	76	77	78	79	80
81	82	83	84	85	86	87	88	89	90
91	92	93	94	95	96	97	98	99	100

Invite a su niño a compartir lo que sabe sobre contar hasta 100 de a uno haciendo juntos la siguiente actividad.

CONTINÚA

Ayude a su niño a practicar cómo contar de 1 a 100 cada vez que pueda y hagan juntos las siguientes actividades.

Pida a su niño que prediga qué tan lejos puede caminar dando 100 pasos. Por ejemplo, la predicción podría ser que dará 100 pasos para caminar desde la puerta principal hasta el buzón o desde los columpios hasta el tobogán del área de juego. Luego camine con su niño, contando cada paso juntos, para hallar cuántos pasos toma.

Practique contar desde números diferentes de 1. Por ejemplo, comience a contar desde 32. Después de que su niño se una al conteo, continúe al menos 10 números más. Para un desafío adicional, diga solo uno o dos números y pida a su niño que continúe contando por su cuenta.

Juegue a parar y comenzar a contar. Cuente en voz alta con su niño, comenzando por diferentes números. Levante la mano para mostrar cuándo parar de contar y baje la mano para mostrar cuándo continuar donde dejó. Para un desafío adicional, pida a su niño que cuente en voz alta solo mientras usted levanta y baja la mano para mostrar cuándo parar y cuándo continuar.

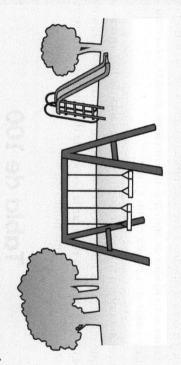

¡Área de 100!

Cuenta hasta 100 de uno en uno

Nombre _____

Pida a su niño o niña que use un solo color para colorear los primeros 10 espacios del tablero. Luego pida a su niño o niña que coloree cada grupo de 10 espacios de un color diferente. Pídale que mueva una ficha por el tablero y que cuente en voz alta de uno en uno hasta llegar a 100.

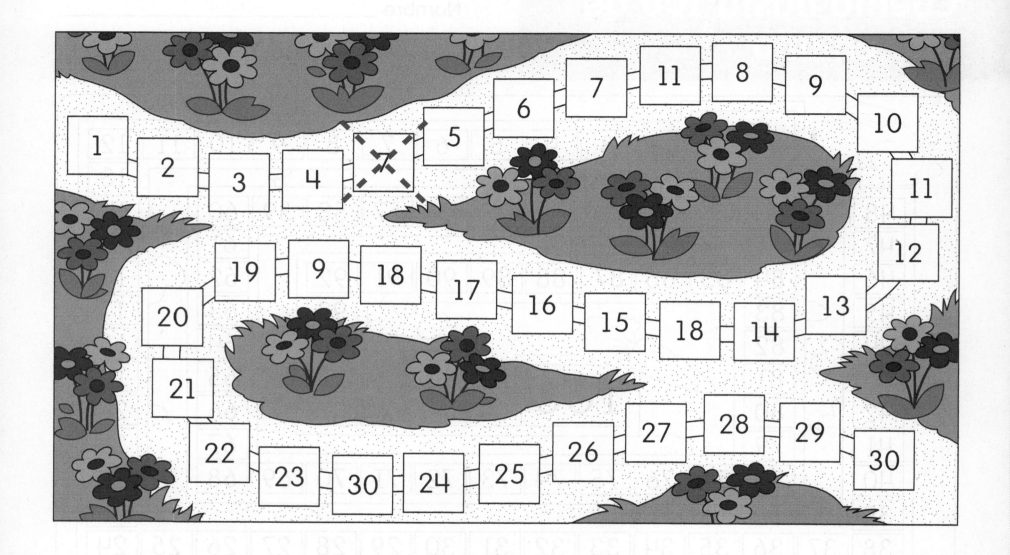

Pida a su niño o niña que cuente del 1 al 30, que coloree los números que dice y que tache los números que no pertenecen. Luego pida a su niño o niña que vuelva a contar del 1 al 30, y que señale cada número coloreado mientras lo dice en voz alta.

Cuenta hasta 100 de uno en uno

Nombre _____

1	2	3	4	5	6	7	8	9	10
11	12	13	14	15	16	17	18	19	20
21	22	23	24		26	27	28	29	30
31	32	33	34	35	36	37	38	39	40
41	42		44	45	46	47	48	49	50
	52	53	54	55	56	57	58	59	60
61	62	63	64	65	66	67	68	69	70
71	72	73	74	75	76	77	78	79	
81	82	83	84	85	86		88	89	90
91	92	93	94	95	96	97	98	99	100

(25)   26   35

42   43   44
51   60   61

60   70   80
87   88   96

Guíe a su niño o niña para que encierre en un círculo el número a la derecha que completa el número que falta en la fila correspondiente de la tabla de 100. Cuenten juntos en voz alta de uno en uno hasta llegar a la primera casilla vacía. Ayude a su niño o niña para que a la derecha de la tabla de 100 halle el número que falta en la tabla, y pídale que lo encierre en un círculo. Sigan contando juntos hasta llegar a la siguiente casilla vacía y repitan el proceso.

1	2	3	4	5	6	7	8	9	10
11	12	13	14	15	16	17	18	19	20
21	22	23	24	25	26	27		29	30
31	32	33	34	35	36	37	38	39	40
41	42	43	44	45	46	47	48	49	50
51		53	54	55	56	57	58	59	60
61	62	63	64	65		67	68	69	70
71	72	73	74	75	76	77	78	79	80
81	82	83	84	85	86	87	88	89	
	92	93	94	95	96	97	98	99	100

8	26	28

52	53	62
66	70	75

80	90	91
82	90	91

Guíe a su niño o niña para que encierre en un círculo el número a la derecha que completa el número que falta en la fila correspondiente de la tabla de 100. Cuenten juntos en voz alta de uno en uno hasta llegar a la primera casilla vacía. Ayude a su niño o niña para que a la derecha de la tabla de 100 halle el número que falta en la tabla y pídale que lo encierre en un círculo. Sigan contando juntos hasta llegar a la siguiente casilla vacía y repitan el proceso.

Cuenta hasta 100 de uno en uno

Nombre _____

Ejemplo

(29)   38

26   27   28   ☐

45   55

52   53   54   ☐

---

30   32

31   ✗   33   34

47   49

45   46   ☐   48

---

73   75

73   74   ☐   76

85   87

86   ☐   88   89

Guíe a su niño o niña para que encierre en un círculo el número correcto que completa cada lista de números. Pida a su niño o niña que lea en voz alta los números de la fila de abajo de cada problema, que decida cuál de los números de arriba es el número que falta en la lista y que lo encierre en un círculo. Luego pídale que lea la lista de números que ha completado para verificar las respuestas.

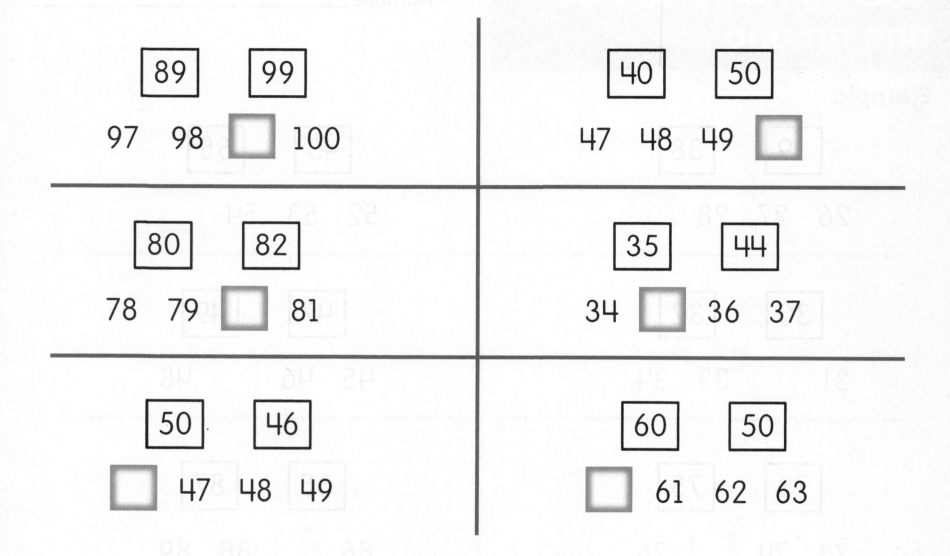

89   99
97 98 ☐ 100

40   50
47 48 49 ☐

80   82
78 79 ☐ 81

35   44
34 ☐ 36 37

50   46
☐ 47 48 49

60   50
☐ 61 62 63

Números del 11 al 100

Nombre _____

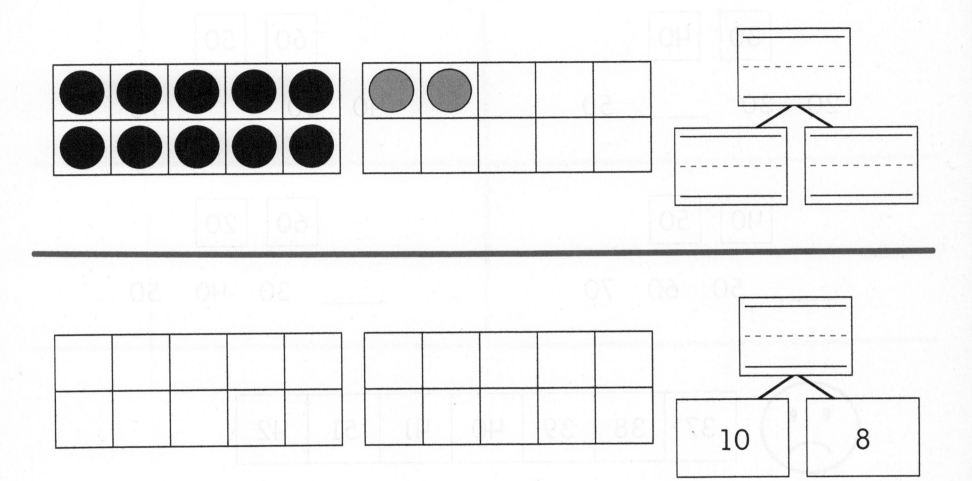

Pida a los niños que completen los marcos de 10 y los enlaces numéricos para hacer modelos de números del 11 al 19. En el primer problema los niños usan el dibujo para completar el enlace numérico. En el último problema los niños dibujan fichas que coincidan con el enlace numérico, luego escriben el total.

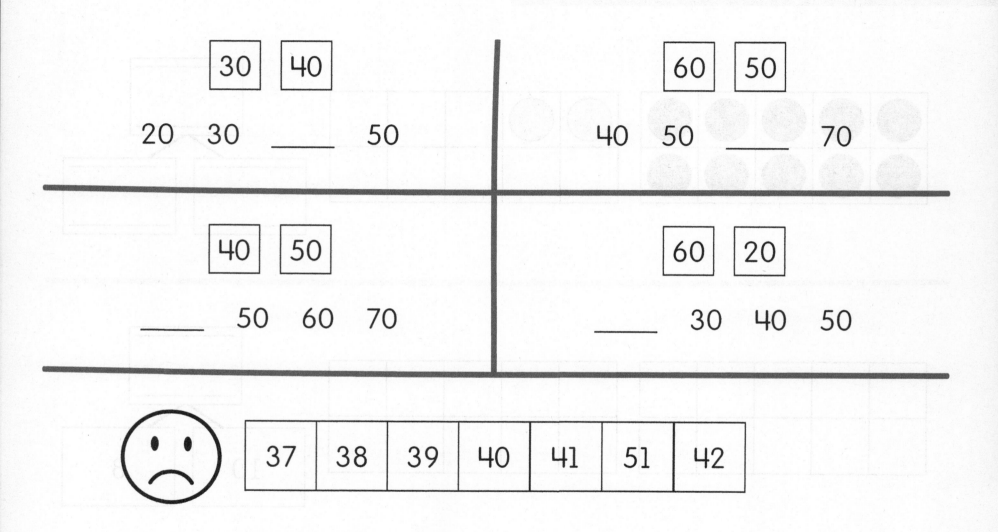

30　40

20　30　____　50

60　50

40　50　____　70

40　50

____　50　60　70

60　20

____　30　40　50

| 37 | 38 | 39 | 40 | 41 | 51 | 42 |

Pida a los niños que cuenten en decenas y luego en unidades. Pida a los niños que en los primeros cuatro problemas encierren en un círculo el número que completa las listas de números mientras cuentan en decenas. Pídales que en el último problema tachen el recuadro que muestra el número incorrecto mientras cuentan en unidades.

Cubre los números del 11 al 19

Nombre _____

11	**12**	**13**
14	**15**	**16**
17	**18**	**19**

Materiales Para cada pareja: tarjetas de números del 11 al 19; para cada niño o niña: tablero de juego *Cubre los números del 11 al 19.*

Se juega así Toma una tarjeta y di el número que muestra. Ponla en el cuadrado numerado que coincida en el tablero de juego. Si la tarjeta no muestra un número del 11 al 19, no cubras un cuadrado. Si el número ya está cubierto, pierdes tu turno. El primer jugador en cubrir todos los cuadrados gana.

Estimada familia:

Esta semana su niño está aprendiendo comparar objetos por longitud y por altura.

Puede comparar dos objetos por longitud o por altura para saber qué objeto es más largo, más alto o más corto. Su niño comparará longitudes y alturas de objetos en dibujos así como objetos reales. Cuando compare longitudes y alturas de objetos reales es importante alinear los objetos en un extremo para ver cuál de los objetos se extiende más hacia arriba (altura) o más hacia la derecha o izquierda (longitud).

Aprender a reconocer y comprender los atributos de longitud y altura ayudará a su niño a prepararse para hacer otras actividades de medición en grados posteriores, incluyendo usar instrumentos para medir (tales como reglas y cintas de medir) y medir con unidades estándar (tales como pulgadas y centímetros).

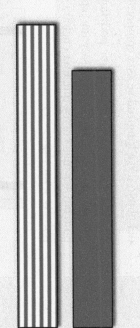

La cinta rayada es más larga que la cinta lisa.

La flor blanca es más corta que la flor morada.

Invite a su niño a compartir lo que sabe sobre comparar longitud y comparar altura haciendo juntos la siguiente actividad.

CONTINÚA

Actividad: Comparar longitudes y comparar alturas

Materiales: cuchara y otros objetos de la casa para comparar la longitud

Diga a su niño que juntos van a hacer una búsqueda del tesoro de longitudes.

• Explique que buscará 3 objetos en su casa que sean más largos que una cuchara y 3 objetos que sean más cortos que una cuchara.

• Mientras su niño compara objetos de la casa con una cuchara, aliéntelo para que alinee un extremo de la cuchara con un extremo del objeto cuya longitud se está comparando.

• Algunos ejemplos de objetos que podrían ser más largos que una cuchara son: un libro, una mesa y un zapato. Algunos objetos que podrían ser más cortos que una cuchara son: una llave, un auto de juguete o un clip.

Además de hacer la actividad de arriba, pida a su niño que compare longitudes o alturas cada vez que tenga la oportunidad. Por ejemplo, durante la cena, podría preguntar: "¿Cuál es más largo: el tenedor o la cuchara? ¿Cuál es más corto?".

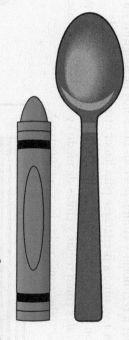

Compara la longitud

Nombre _____

Pida a su niño o niña que use rojo para colorear el árbol más alto, las flores más altas, la banca más larga y el bate más largo. Pídale que diga qué palabra puede usar para describir el otro árbol, las otras flores, la otra banca y el otro bate. Luego pídale que coloree el resto del dibujo.

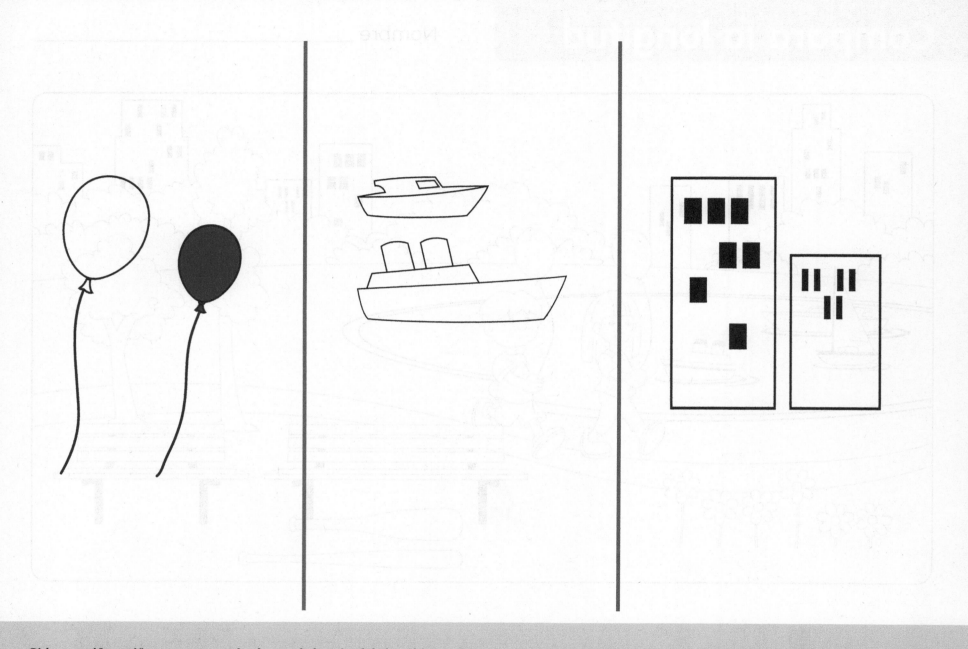

Pida a su niño o niña que compare la altura o la longitud de los objetos. Guíe a su niño o niña para que compare la altura de los globos, la longitud de los barcos y la altura de los edificios. Pídale que coloree el objeto más bajo o corto de cada pareja.

Compara la longitud

Nombre _____

Ejemplo

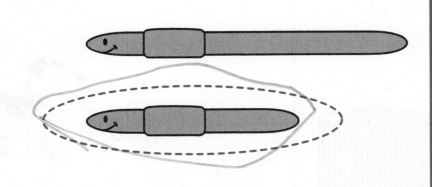

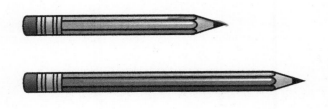

Guíe a su niño o niña para que identifique los objetos que son más largos y los objetos que son más cortos. Pida a su niño o niña que encierre en un círculo el objeto más corto de cada pareja. Pídale que explique cómo decidió cuál es el objeto más corto.

Guíe a su niño o niña para que identifique los objetos que son más altos y los objetos que son más bajos. Pida a su niño o niña que encierre en un círculo el objeto más bajo de cada pareja. Pídale que explique cómo decidió cuál es el objeto más bajo.

Compara la longitud

Ejemplo

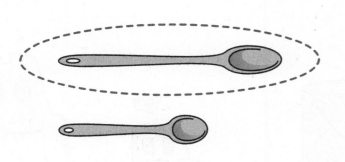

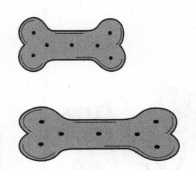

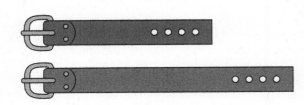

Guíe a su niño o niña para que identifique los objetos que son más largos y los objetos que son más cortos. Pida a su niño o niña que encierre en un círculo el objeto más largo de cada pareja. Pídale que explique cómo decidió cuál es el objeto más largo.

Guíe a su niño o niña para que identifique los objetos que son más altos y los objetos que son más bajos. Pida a su niño o niña que encierre en un círculo el objeto más alto de cada pareja. Pídale que explique cómo decidió cuál es el objeto más alto.

Estimada familia:

Esta semana su niño está aprendiendo comparar objetos por peso.

Comparar dos objetos por peso incluye hallar qué objeto es más pesado o más liviano. Su niño comparará los pesos de objetos reales así como los pesos de objetos que se muestran en dibujos. Para comparar pesos, puede ser útil pensar en un objeto más pesado como más difícil de levantar y un objeto más liviano como uno más fácil de levantar.

Habrá algún enfoque en reconocer que los objetos más grandes no necesariamente son más pesados que los objetos más pequeños. Por ejemplo, aunque un globo sea más grande que una pelota de básquetbol, el globo será más liviano que la pelota. Este enfoque recalca que peso y tamaño son atributos diferentes. Comprender y comparar pesos ayudará a su niño a prepararse para trabajar en el futuro con unidades de medida.

Invite a su niño a compartir lo que sabe sobre comparar peso haciendo juntos la siguiente actividad.

Actividad: Comparar pesos

Diga a su niño que van a jugar a un juego de imaginación que incluye pesos de objetos. Luego haga varias preguntas sobre cuál bolsa imaginaria de objetos podría ser más pesada o cuál más liviana. Por ejemplo:

- *¿Cuál crees que sería más liviana, una bolsa llena de plumas o una bolsa llena de piedras?*

- *¿Cuál crees que sería más liviana, una bolsa llena de palomitas o una bolsa llena de papas?*

- *¿Cuál crees que sería más pesada, una bolsa llena de ladrillos o una bolsa llena de globos?*

Si su niño necesita ayuda con los términos *más pesado* y *más liviano*, pregunte cuál bolsa sería más fácil o más difícil de levantar y conecte esto con las ideas de más pesado y más liviano. Después de que haya hecho varias de estas preguntas, aliente a su niño a que le pregunte cuál de las dos bolsas sería más pesada o más liviana. Túrnense para hacerse preguntas ¡y usen su imaginación!

Pida a su niño que compare objetos por peso cada vez que tenga la oportunidad. Por ejemplo, durante la cena, podría preguntar: "¿Cuál es más pesada, tu cuchara o tu taza de leche? ¿Cuál es más liviana?". Cuando su niño esté listo para ir a la escuela, podría preguntar: "¿Cuál es más liviana, tu lonchera o tu mochila? ¿Cuál es más pesada?"

Compara el peso

Nombre _____

cereal
calabaza   papas
atún   manzana
pan   sandía
caja de jugo   leche
papas fritas   papel
sopa   vasos

Pida a su niño o niña que coloree la lata de sopa. Luego, pídale que use verde para colorear dos objetos que son más pesados que la lata de sopa. Usando un color diferente, pídale que coloree un objeto que sea más liviano que la lata de sopa. Pídale que coloreen el resto del dibujo.

Pida a su niño o niña que encierre en un círculo la caja de cereal. Pida a su niño o niña que busque objetos que sean más pesados que una caja de cereal y que los coloree de rojo. Luego pídale que busque objetos que sean más livianos que una caja de cereal y que los coloree de azul.

Compara el peso

Nombre _____

Ejemplo

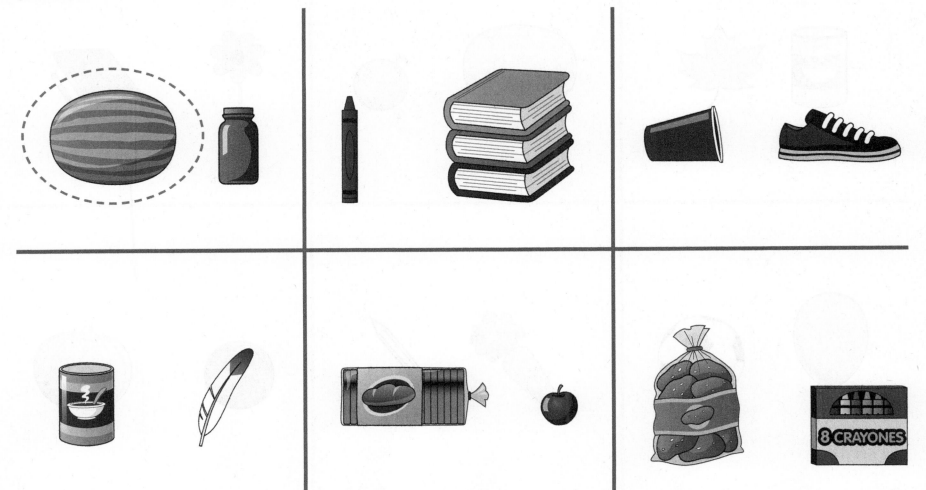

Guíe a su niño o niña que identifique los objetos que son más pesados. Pida a su niño o niña que encierre en un círculo el objeto más pesado de cada pareja. Pídale que explique cómo sabe que el objeto encerrado en el círculo es más pesado que el otro objeto.

Guíe a su niño o niña que identifique los objetos que son más pesados. Pida a su niño o niña que encierre en un círculo el objeto más pesado de cada pareja. Pídale que explique cómo sabe que el objeto encerrado en el círculo es más pesado que el otro objeto.

Compara el peso

Nombre _____

Ejemplo

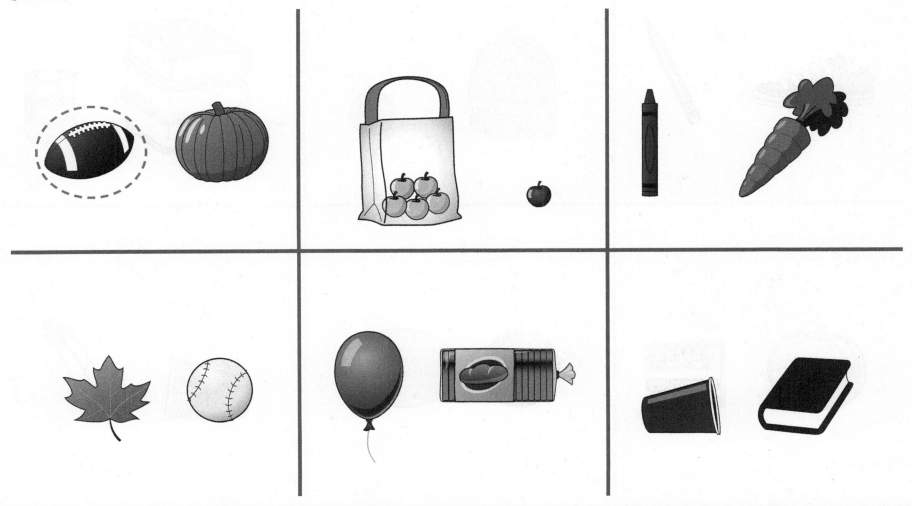

Guíe a su niño o niña que identifique los objetos que son más livianos. Pida a su niño o niña que encierre en un círculo el objeto más liviano de cada pareja. Pídale que explique cómo decidió cuál es el objeto más liviano.

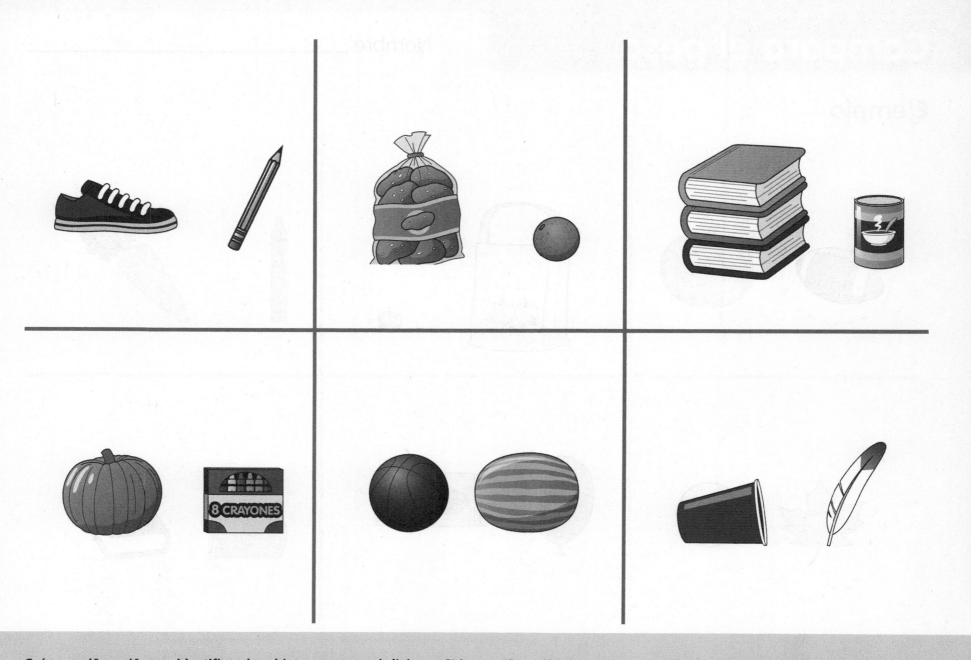

Guíe a su niño o niña que identifique los objetos que son más livianos. Pida a su niño o niña que encierre en un círculo el objeto más liviano de cada pareja. Pídale que explique cómo decidió cuál es el objeto más liviano.

Estimada familia:

Esta semana su niño está aprendiendo a clasificar objetos.

Los objetos reales y los dibujos de objetos se pueden clasificar por atributos, tales como color, forma, tamaño y peso. Después de clasificar los objetos en diferentes categorías, su niño contará cuántos hay en cada grupo y comparará los grupos usando palabras como *igual, más que* y *menos que*.

Por ejemplo, los peces del dibujo de abajo se pueden clasificar según las siguientes categorías: grande y pequeño, rayado y liso, nadando hacia la izquierda y nadando hacia la derecha. También hay más peces lisos que peces rayados y hay menos peces grandes que peces pequeños.

Clasificar objetos en grupos, así como contar y comparar el número de objetos en cada grupo, ayudará a su niño a prepararse para trabajar con tablas y gráficas en grados posteriores.

Invite a su niño a compartir lo que sabe sobre clasificar objetos haciendo juntos la siguiente actividad.

Actividad: Clasificar objetos

Materiales: 8 a 10 objetos que se puedan clasificar por tamaño, color, forma y/u otros atributos (tales como botones, cuentas, bloques, monedas o frijoles secos)

Entregue a su niño 8 a 10 objetos de al menos 2 formas diferentes, colores y/o tamaños. Se tienen que poder clasificar de 2 maneras diferentes, tales como por tamaño y luego por color.

Pida a su niño que clasifique algunos o todos los objetos en 2 grupos. Si es necesario, puede sugerir clasificar por forma, color o tamaño. Aliente a su niño a que le hable sobre los grupos. Luego pida a su niño que clasifique algunos o todos los objetos en 2 grupos de una manera diferente. Por ejemplo, si los objetos primero se clasifican por color, se pueden clasificar luego por tamaño. Comente cómo son los nuevos grupos. Para un desafío adicional, agregue objetos de diferente forma, color o tamaño y pida a su niño que clasifique los objetos en 3 grupos.

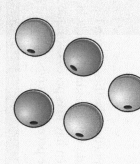

Cuentas grandes   Cuentas pequeñas

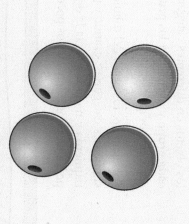

Clasifica objetos

Nombre _____

Pida a su niño o niña que coloree de rojo los peces rayados y el resto de los peces de amarillo. Luego pida a su niño o niña que coloree las rocas grandes de un color y las rocas pequeñas de un color diferente. Pídale que coloree el resto del dibujo.

Pida a su niño o niña que clasifique los objetos según sus características. Hable con su niño o niña sobre los parecidos y las diferencias entre los objetos que se muestran. Guíe a su niño o niña para que entienda que algunos objetos se pueden comer y otros no. Pídale que coloree todos los objetos que se pueden comer. Pídale que cuente los objetos que coloreó y que compare esa cantidad con la cantidad de objetos que no están coloreados.

Clasifica objetos

Nombre _____

Ejemplo

Guíe a su niño o niña que identifique un objeto que no pertenece al grupo. Explíquele que puede haber más de una respuesta correcta. Pida a su niño o niña que tache un objeto que sea diferente a los demás. Luego pídale que le diga las razones por las que tachó cada objeto.

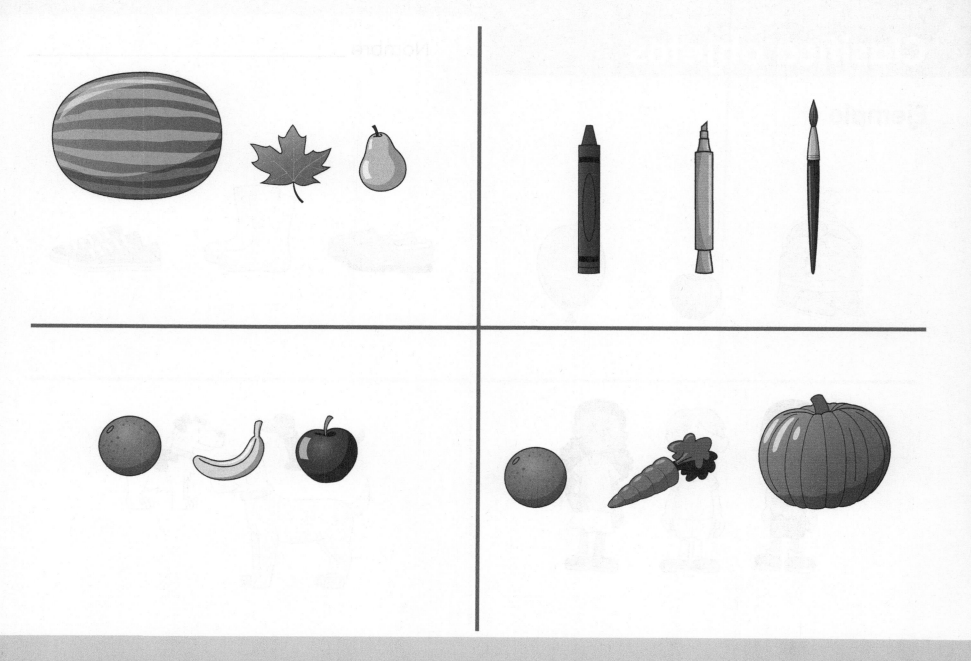

Guíe a su niño o niña que identifique un objeto que no pertenece al grupo. Explíquele que puede haber más de una respuesta correcta. Pida a su niño o niña que tache un objeto que sea diferente a los demás. Luego pídale que le diga las razones por las que tachó cada objeto.

Clasifica objetos

Nombre _____

Ejemplo

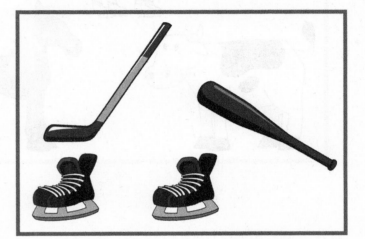

Guíe a su niño o niña que clasifique los objetos. Guíe a su niño o niña que entienda que los dos grupos dados son pelotas y otros objetos deportivos. Pida a su niño o niña que trace una línea desde cada objeto en la parte inferior de la página hasta el grupo al que pertenece.

Pida a su niño o niña que clasifique los animales. Guíe a su niño o niña que entienda que los dos grupos dados son animales grandes y animales pequeños. Pídale que trace una línea desde cada animal en la parte inferior de la página hasta el grupo al cual pertenece.

Compara y clasifica

Nombre _____

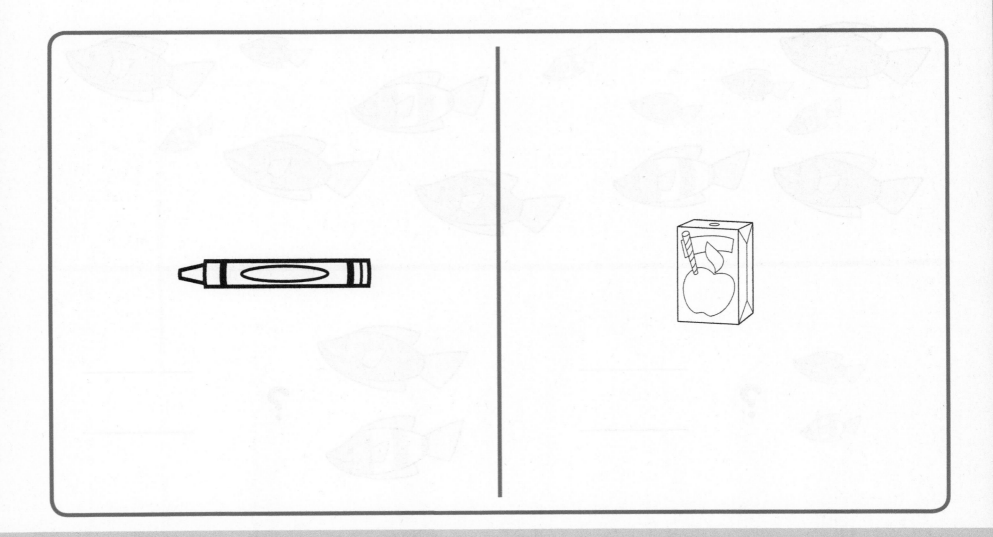

Pida a los niños que hagan dibujos que muestren "más largo" y "más pesado". Pídales que dibujen un crayón que sea más largo que el crayón que se muestra. Luego pida a los niños que dibujen un objeto que sea más pesado que una cajita de jugo.

Pida a los niños que clasifiquen los peces por tamaño. Pida a los niños que hallen todos los peces pequeños y que escriban cuántos hay. Luego pídales que hallen todos los peces grandes y escriban cuántos hay.

Corto y largo

Nombre _____

Más corto

Igual

Más largo

Materiales Para cada pareja: 2 dados (del 1 al 6); para cada niño o niña: tablero de juego *Corto y largo*, 50 cubos conectables.
Se juega así Lanza 2 dados. Cuenta los puntos y arma un tren con esa cantidad de cubos. Si el tren es más corto que el crayón, ponlo en la caja "Más corto". Si el tren es más largo, ponlo en la caja "Más largo". Si es de la misma longitud, ponlo en la caja "Igual". La primera persona en tener 1 tren más corto y 1 tren más largo gana.

Estimada familia:

Esta semana su niño está aprendiendo a reconocer la posición y la forma de objetos.

Las palabras de posición como *arriba, abajo, al lado, frente a, detrás y cerca de* se usan para describir la ubicación de los objetos.

Existen muchas figuras diferentes que se pueden ver dentro del mundo real de los objetos. Reconocer las figuras en su ambiente ayudará a su niño a prepararse para las próximas lecciones de geometría sobre atributos de las figuras, tales como lados y esquinas.

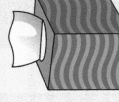

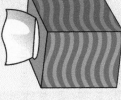

círculo   rectángulo   cuadrado   triángulo

cubo   esfera   cono   cilindro

Invite a su niño a compartir lo que sabe sobre reconocer posición y forma haciendo juntos la siguiente actividad.

CONTINÚA

Actividad: Ver posición y forma

Juegue a "Veo, veo" enfocándose en la posición y la forma de objetos de la casa. Describa dónde ve una figura y pida a su niño que intente hallarla. Puede caminar alrededor de diferentes habitaciones en la casa o puede elegir reunir y mostrar una colección de objetos de tal manera que demuestre palabras de posición como *arriba, abajo, al lado, frente a, detrás y cerca de.*

Por ejemplo, puede decir "Veo, veo un círculo arriba del estante" para describir un reloj. Su niño mira alrededor para intentar encontrar el círculo en el que usted está pensando. Si la suposición es para un círculo diferente, puede decir algo como "Eso es un círculo, pero no es el círculo que elegí. El círculo que elegí está arriba del estante". Pida a su niño que continúe adivinando hasta que encuentre el objeto que usted describió.

Túrnense para hacer y responder preguntas del juego "Veo, veo" sobre objetos de la casa con forma de cuadrados, rectángulos, triángulos, círculos, cubos, conos, cilindros y/o esferas. Los objetos de la casa que podría incluir son servilletas, puertas, formas de alimentos, platos, bloques de juguete, conos de helados, latas de sopa y pelotas.

Veo, veo un cilindro al lado de una bolsa.

Mira la posición y la figura

Nombre _____

PARADA DE AUTOBÚS

Observe a su niño o niña mientras le pide que coloree diferentes objetos de la página. Pídale que coloree al niño que tiene el libro, a la niña que está delante de ese niño, y la ventana que está arriba del paraguas del niño que tiene el libro. Luego pídale que coloree al niño que está al lado de la ardilla, las hojas que están debajo del cono de seguridad, y uno de los objetos que están arriba del autobús. Pídale que coloree el resto del dibujo.

Guíe a su niño o niña para que encierre en un círculo las flores que están al lado de la banca y coloree de morado la flor que está bajo el árbol. Pida a su niño o niña que coloree de rojo el objeto que está frente a la banca y de azul el barco que está detrás del bote de vela. Si lo desea, permítale luego colorear el resto del dibujo.

Mira la posición y la figura

Nombre _____

Ejemplo

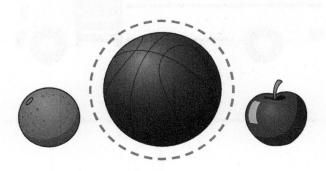

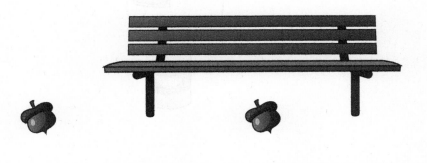

Guíe a su niño o niña para que identifique los objetos que están al lado, arriba, detrás y debajo. Pídale que encierre en un círculo el objeto que está al lado de la manzana, y el bote para la basura que tiene una hoja arriba. Luego pídale que encierre en un círculo el animal que está detrás del perro y la bellota que está debajo de la banca.

Guíe a su niño o niña para que identifique los objetos que están arriba, detrás, delante o al lado. Pídale que encierre en un círculo el animal que está arriba de la ardilla, y el objeto que está detrás de la leche. Luego pídale que encierre en un círculo el objeto que está delante del autobús y el objeto que está al lado del árbol.

Mira la posición y la figura

Nombre _____

Ejemplo

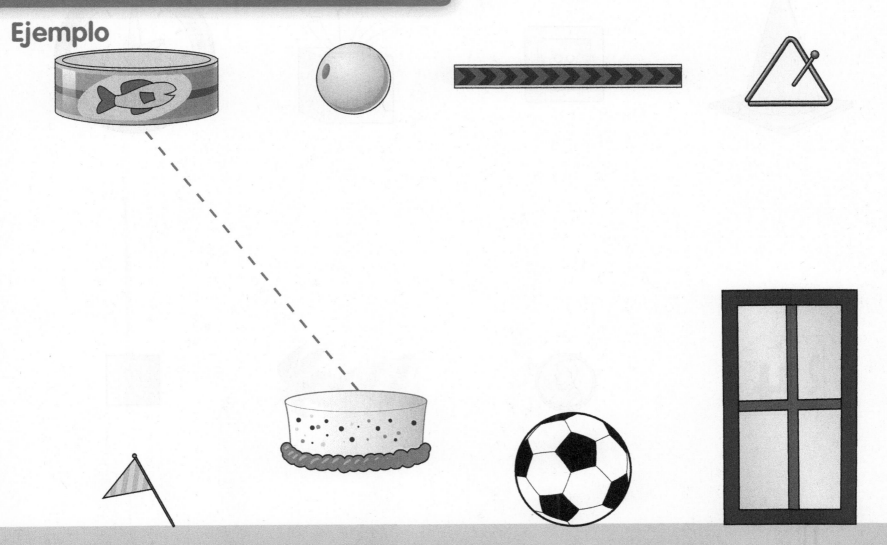

Guíe a su niño o niña para que empareje las figuras que tienen el mismo nombre. Pídale que trace líneas para emparejar los objetos que tienen la misma figura y que nombre las figuras. Use objetos reales para ayudar a que su niño o niña entienda que la posición o el tamaño no cambian el nombre que se usa para describir la figura.

Guíe a su niño o niña para que empareje las figuras que tienen el mismo nombre. Pídale que trace líneas para emparejar los objetos que tienen la misma figura y que nombre las figuras. Use objetos reales para que su niño o niña entienda que la posición o el tamaño no cambian el nombre que se usa para describir la figura.

Estimada familia:

Esta semana su niño está aprendiendo a nombrar figuras.

Su niño también aprenderá algunas maneras de describir figuras. Por ejemplo, los triángulos, hexágonos, rectángulos y cuadrados tienen esquinas y lados rectos. Un hexágono tiene 6 lados y un cuadrado tiene 4 lados iguales. Los círculos, cilindros, conos y las esferas tienen curvas. Aprender algunas maneras de describir figuras ayudará a su niño a identificar y distinguir entre diferentes figuras en las lecciones de geometría y en el mundo real.

Figuras planas

Triángulo	Hexágono	Círculo
Lado→ Esquina→		
Rectángulo	Cuadrado	

Cuerpos geométricos

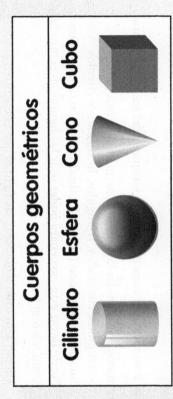

Cilindro	Esfera	Cono	Cubo

Invite a su niño a compartir lo que sabe sobre nombrar figuras haciendo juntos la siguiente actividad.

CONTINÚA

Actividad: Nombrar figuras

Diga a su niño que comenzarán una búsqueda del tesoro de figuras.

- Juntos, busquen en la casa y el barrio objetos con formas de rectángulos, cuadrados, triángulos, hexágonos y círculos. Además, busquen objetos con formas de cilindros, esferas, conos y cubos. Puede llevar esta carta para poder usar las figuras en el otro lado como referencia.

- Aliente a su niño a nombrar las figuras que encuentren ambos.

- También puede hacer una tabla para registrar cuántos objetos encuentran de cada forma.

Nombra las figuras

Nombre _____

Observe a su niño o niña mientras le pide que coloree las diferentes figuras de la página. Pídale que coloree un cuadrado, un rectángulo, un círculo, un triángulo y un hexágono. Luego pídale que coloree una esfera, un cubo, un cono y un cilindro. Pídale que coloree el resto del dibujo.

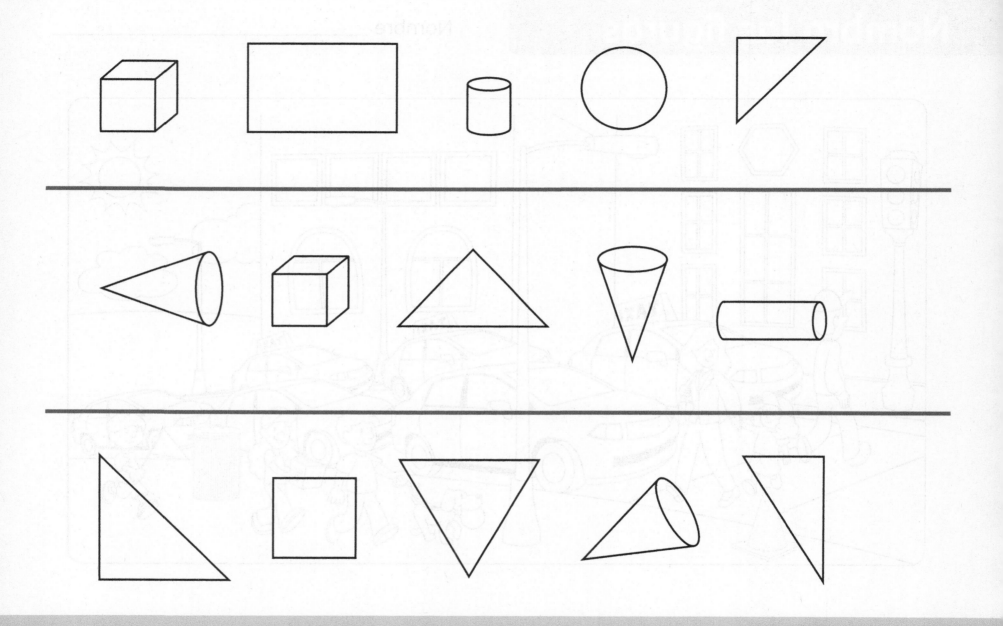

Nombra las figuras

Nombre _____

Ejemplo

Guíe a su niño o niña para que observe la diferencia entre las figuras planas y los cuerpos geométricos, y para que luego identifique las figuras planas.
Pídale que marque todos los cuerpos geométricos con una X. Luego pídale que en la parte de arriba de la página encierre el triángulo en un círculo rojo, el cuadrado en un círculo verde, y el círculo en un círculo azul. Pídale que use esos colores para encerrar en un círculo los demás triángulos, cuadrados y círculos.

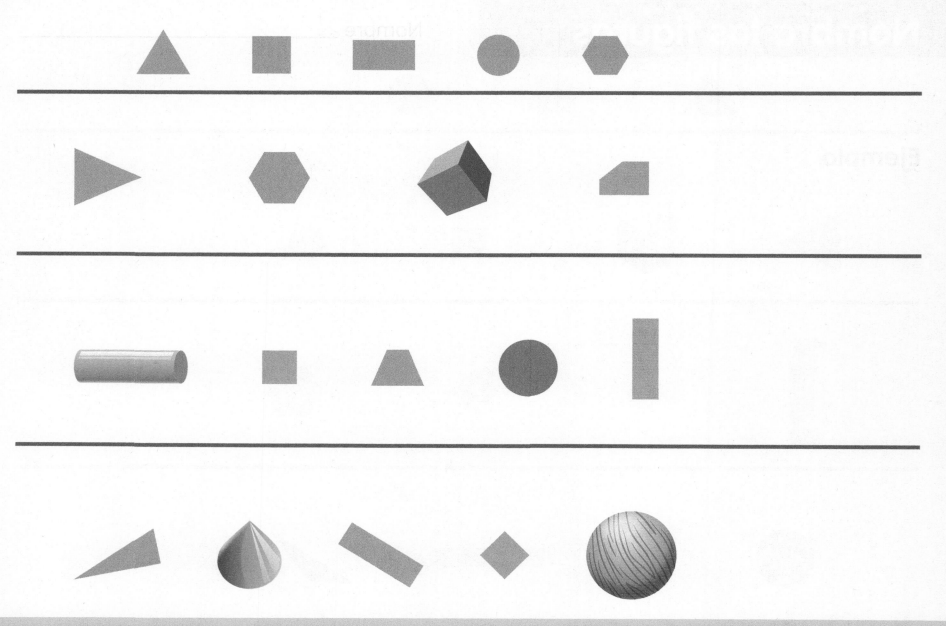

Guíe a su niño o niña para que observe la diferencia entre las figuras planas y los cuerpos geométricos, y para que luego identifique las figuras planas.
Pídale que marque todos los cuerpos geométricos con una X. Luego pídale que en la parte de arriba de la página encierre el triángulo en un círculo rojo, el cuadrado en un círculo verde, el rectángulo en un círculo morado, el círculo en un círculo azul, y el hexágono en un círculo amarillo. Pídale que use esos colores para encerrar en un círculo los demás triángulos, cuadrados, rectángulos, círculos y hexágonos.

Nombra las figuras

Nombre _____

Ejemplo

Guíe a su niño o niña para que observe la diferencia entre las figuras planas y los cuerpos geométricos, y para que luego identifique los cuerpos geométricos. Pídale que marque todas las figuras planas con una X. Luego pídale que en la parte de arriba de la página encierre el cubo en un círculo morado, el cono en un círculo rojo, la esfera en un círculo verde, y el cilindro en un círculo azul. Pídale que use esos colores para encerrar en un círculo los demás cubos, conos, esferas y cilindros.

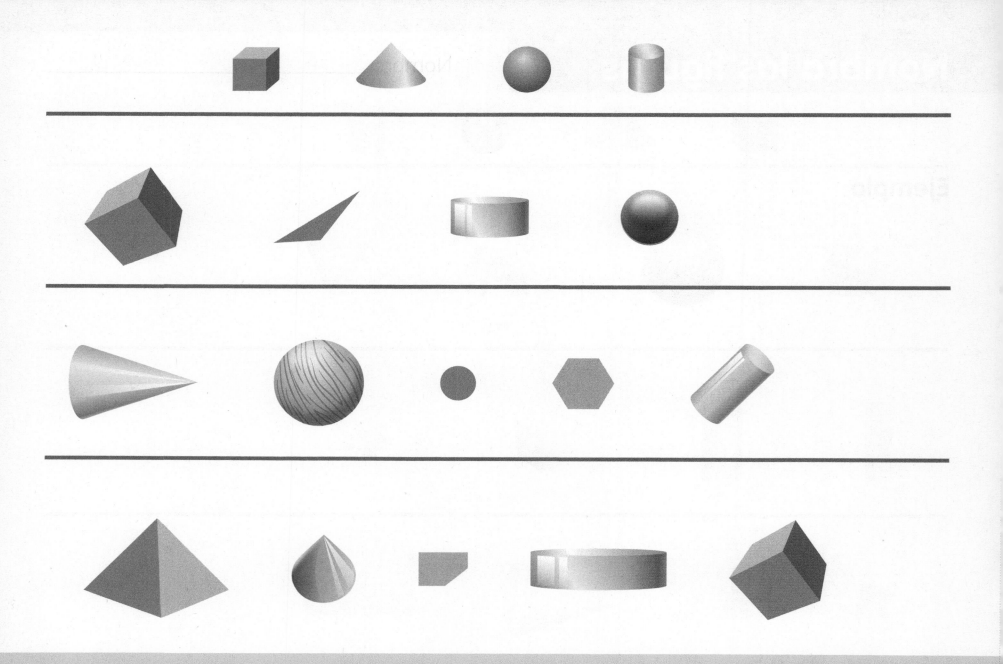

Guíe a su niño o niña para que distinga las figuras planas de los cuerpos geométricos, y que luego identifique los cuerpos geométricos. Pídale que marque todas las figuras planas con una X. Luego pídale que en la parte de arriba de la página encierre el cubo en un círculo morado, el cono en un círculo rojo, la esfera en un círculo verde, y el cilindro en un círculo azul. Pídale que use esos colores para encerrar en un círculo los demás cubos, conos, esferas y cilindros.

Estimada familia:

Esta semana su niño está aprendiendo a comparar figuras.

Para comparar figuras necesita pensar en sus atributos. Por ejemplo, los cilindros, conos y las esferas de abajo son parecidos porque son cuerpos geométricos que pueden rodar.

Algunos cuerpos geométricos son parecidos porque se pueden apilar, tales como las 3 figuras de abajo. La primera y tercera figuras, que son cubos, son más parecidas porque cada una tiene 6 caras cuadradas. Una superficie plana de un cuerpo geométrico se llama **cara**.

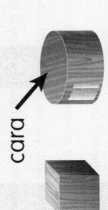

cara

cara

Cuando se comparan figuras planas, como las que están abajo, puede comparar el número de lados y las longitudes de los lados. Por ejemplo, cada figura de abajo tiene 4 lados. Pero solo la primera y la tercera figuras, que son cuadrados, tienen todos los lados con la misma longitud.

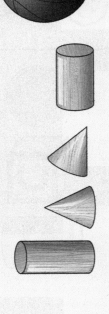

Invite a su niño a compartir lo que sabe sobre comparar figuras haciendo juntos la siguiente actividad.

CONTINÚA

Actividad: Comparar figuras

Materiales: 1 objeto de la casa con forma de cilindro (como una lata de comida), 1 objeto de la casa con forma de cubo (como un bloque de juguete o una caja de pañuelos de papel con forma de cubo), 1 objeto de la casa con forma de esfera (como una pelota), papel y lápiz.

Coloque los objetos con forma de cilindro, cubo y esfera en el piso (así no se preocupa de que los objetos rueden por la mesa y se caigan). Haga preguntas a su niño sobre las figuras, tal como:

- *¿Qué figuras ruedan?* (cilindro y esfera)

- *¿Qué figuras se apilan?* (cilindro y cubo)

- *¿Qué figura tiene esquinas?* (cubo)

- *¿Qué figura tiene caras que son cuadrados?* (cubo)

- *¿Qué figura tiene caras que son círculos?* (cilindro)

Pida a su niño que sostenga el cilindro y luego el cubo en una hoja de papel mientras usted dibuja una cara de cada objeto. Pida a su niño que nombre las figuras planas que dibujó (círculo y cuadrado) y que le diga en qué se parecen y en qué se diferencian. Aliente a su niño a que use el círculo y el cuadrado para hacer un dibujo o un diseño.

Compara las figuras

Nombre _____

Dirija la atención de su niño o niña hacia las figuras del póster que está debajo del reloj. Pídale que coloree todas las figuras que tienen 3 lados. Dirija la atención de su niño o niña hacia la repisa de arriba. Pídale que coloree de un color las figuras que tienen esquinas y de otro color las figuras que no tienen esquinas. Pídale que coloree el resto del dibujo.

Guíe a su niño o niña para que busque figuras que son semejantes de alguna manera. Pídale que coloree de rojo todas las figuras que tienen esquinas. Pídale luego que coloree de azul todos los cuerpos geométricos que tienen caras que son círculos.

Compara las figuras

Nombre _____

Ejemplo

Guíe a su niño o niña para que encierre en un círculo las dos figuras que más se parecen. Pídale que preste atención a la cantidad de lados, al tipo de esquinas, o a los lados que tienen la misma longitud. Guíe a su niño o niña para que describa tanto lo que es similar como lo que es diferente.

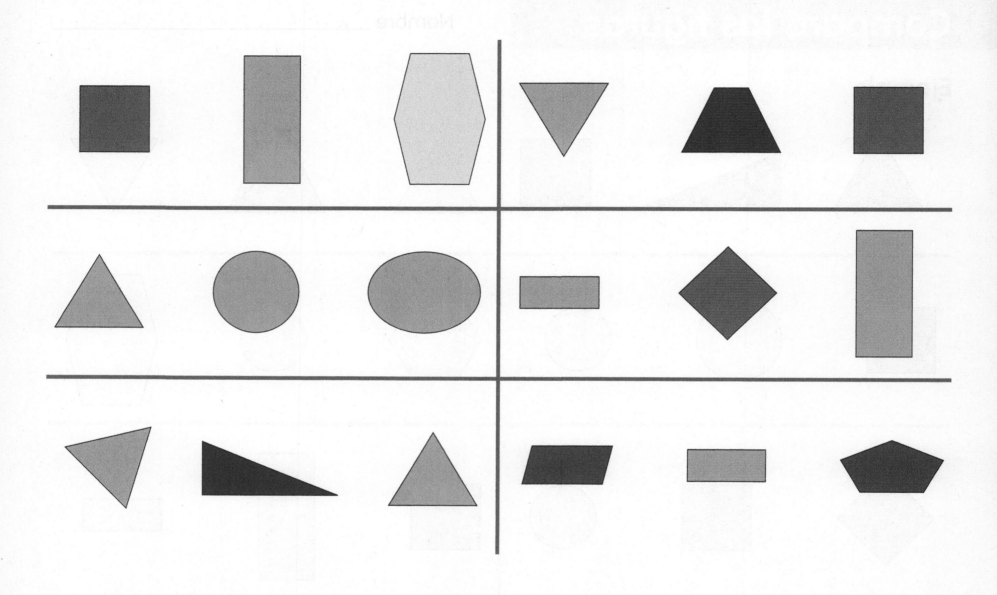

Guíe a su niño o niña para que encierre en un círculo las dos figuras que más se parecen. Pídale que preste atención a la cantidad de lados, al tipo de esquinas, o a los lados que tienen la misma longitud. Guíe a su niño o niña para que describa tanto lo que es similar como lo que es diferente.

Compara las figuras

Nombre _____

Ejemplo

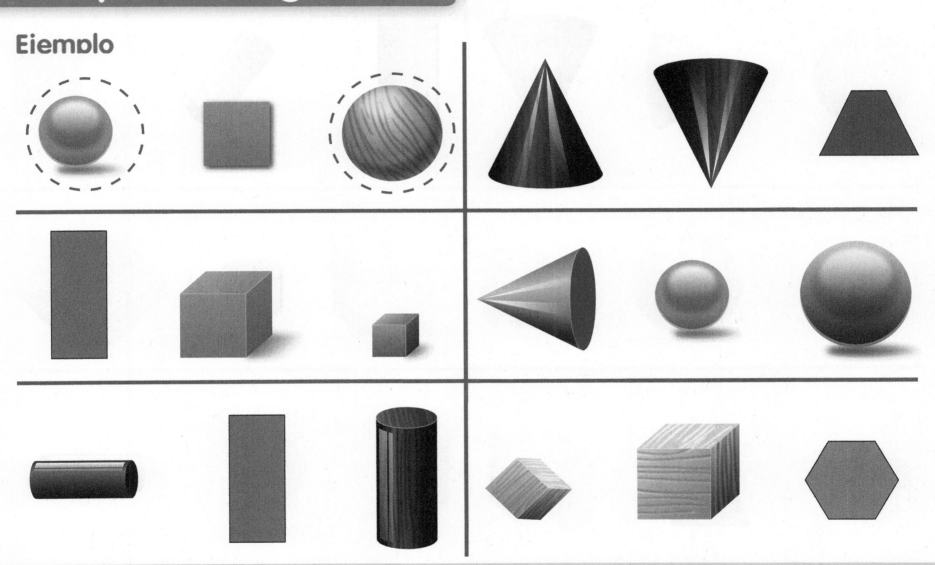

Guíe a su niño o niña para que encierre en un círculo las dos figuras que más se parecen. Pídale que preste atención y que diga si son figuras planas o cuerpos geométricos, y qué cuerpos geométricos son. Guíe a su niño o niña para que describa tanto lo que es similar como lo que es diferente.

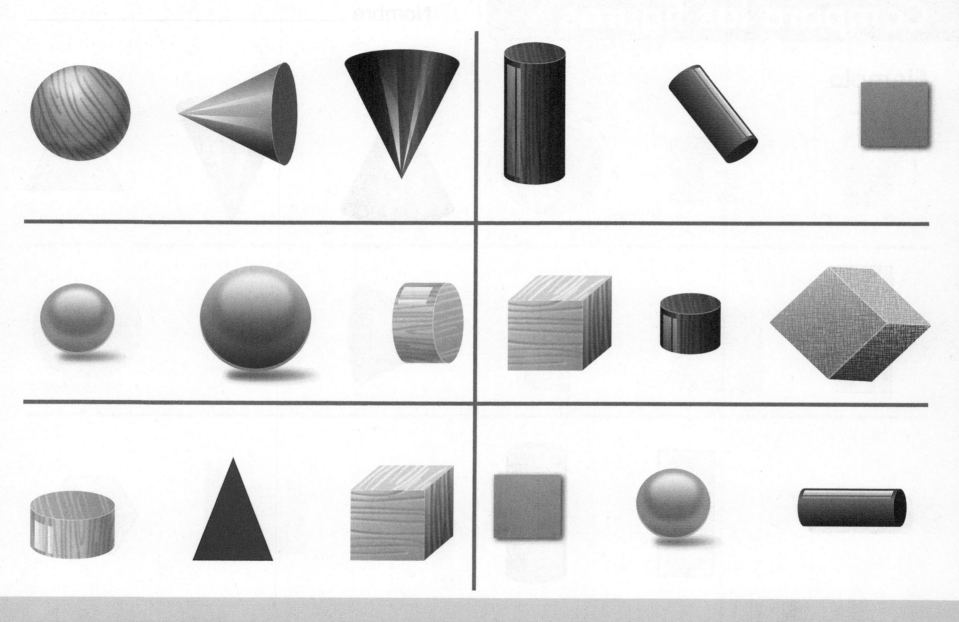

Guíe a su niño o niña para que encierre en un círculo las dos figuras que más se parecen. Pídale que preste atención y que diga si son figuras planas o cuerpos geométricos, y qué cuerpos geométricos son. Guíe a su niño o niña para que describa tanto lo que es similar como lo que es diferente.

Estimada familia:

Esta semana su niño está aprendiendo a construir figuras.

Las figuras se pueden juntar para formar figuras más grandes. Por ejemplo, se pueden juntar 2 cuadrados para formar un rectángulo.

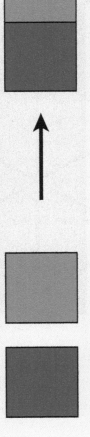

También, se pueden juntar 2 triángulos para formar un cuadrado y se pueden juntar 4 triángulos para formar un rectángulo.

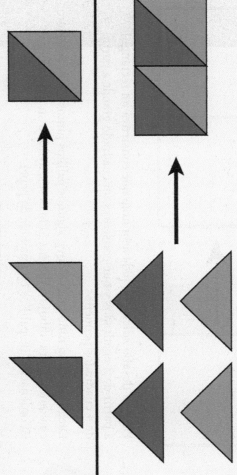

Aprender a colocar figuras una al lado de la otra para formar figuras más grandes ayudará a su niño a desarrollar una base para trabajar en grados posteriores con partes iguales, fracciones y área.

Invite a su niño a compartir lo que sabe sobre construir figuras haciendo juntos la siguiente actividad.

CONTINÚA

Actividad: Construir figuras

Materiales: 12 o más palillos (u otros objetos rectos tales como palillos de manualidades o pajillas cortadas en pedazos del mismo tamaño)

Pida a su niño que use algunos palillos para construir un cuadrado. Luego, pida a su niño que agregue palillos para mostrar cómo se puede construir un rectángulo con dos cuadrados y ayúdelo si es necesario.

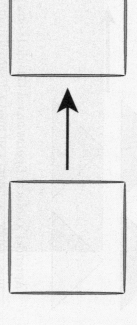

Para un desafío adicional, pida a su niño que construya un rectángulo a partir de 3 cuadrados y que construya un cuadrado grande a partir de 4 cuadrados pequeños.

Luego pida a su niño que coloque algunos palillos juntos para construir cualquier figura, dibujo o diseño. Si lo desea, ayude a su niño a pegar su ordenación de palillos en una hoja de papel.

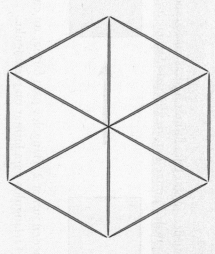

Construye figuras

Nombre _____

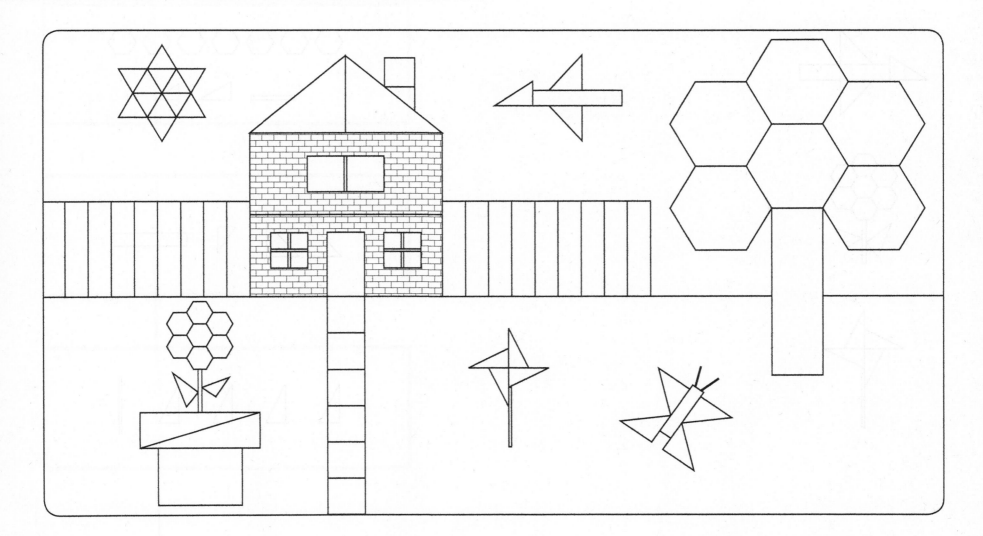

Pida a su niño o niña que coloree de un color un rectángulo que esté formado por triángulos. Luego pídale que use un segundo color para colorear un cuadrado que esté formado por cuadrados más pequeños, y un tercer color para colorear un triángulo que esté formado por triángulos más pequeños. Pídale que coloree el resto del dibujo.

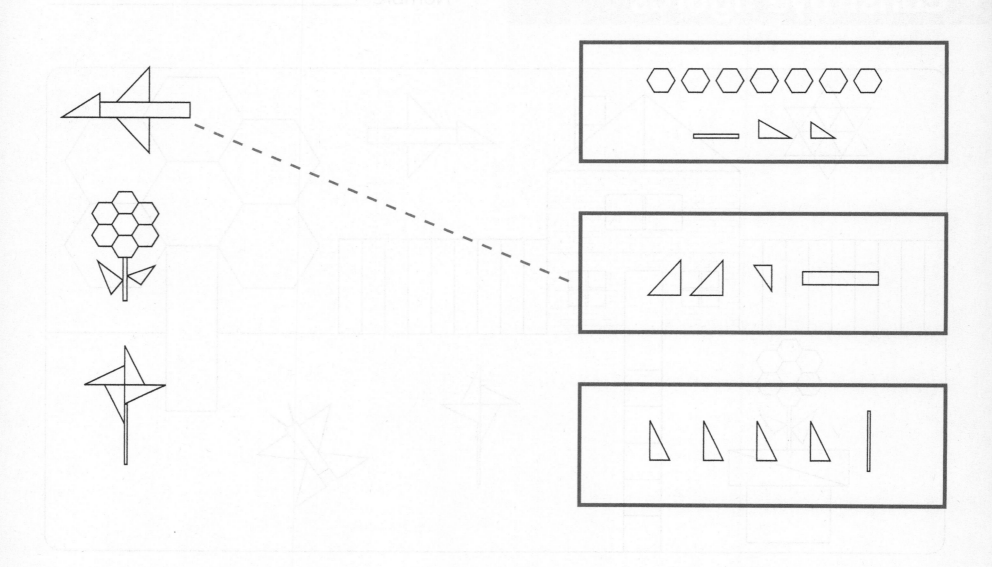

Pida a su niño o niña que identifique figuras pequeñas dentro de una figura más grande. Pídale que observe las diferentes figuras que se han usado para formar cada objeto. Luego pídale que trace líneas para emparejar cada objeto con el grupo de figuras más pequeñas que se usaron para formar ese objeto.

Construye figuras

Nombre _____

Ejemplo

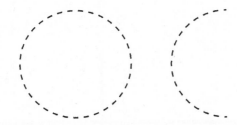

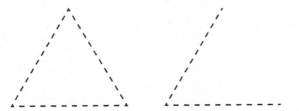

Guíe a su niño o niña para que trace una figura, complete una figura parcial y luego dibuje otra figura del mismo tipo. Luego de trazar la primera de cada una de las figuras, hablen de sus características, como por ejemplo de la cantidad de lados y esquinas, y guíe a su niño o niña para que incluya esas características en su nueva figura.

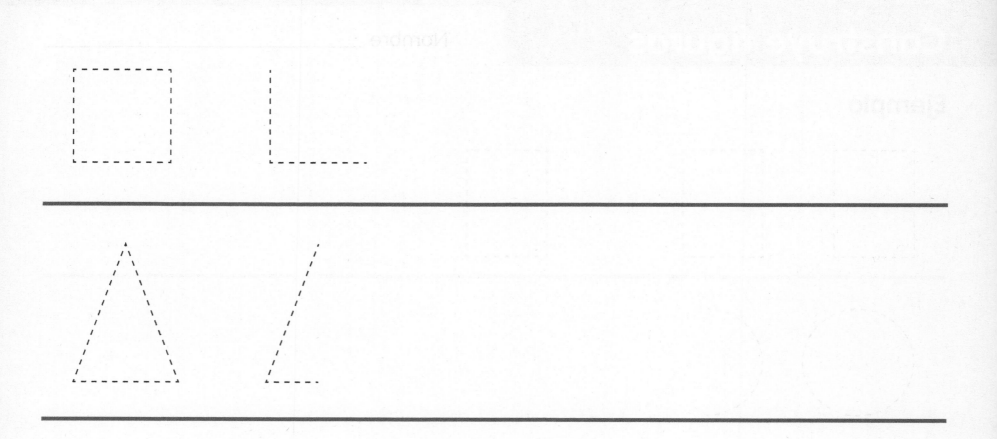

Construye figuras

Ejemplo

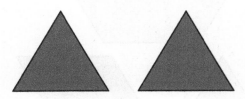 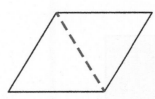

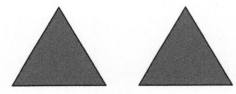 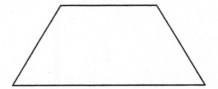

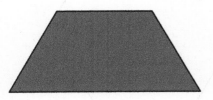  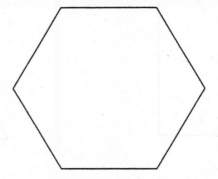

Guíe a su niño o niña para que use figuras como las grises para formar cada una de las figuras delineadas a la derecha. Pídale que use bloques de patrones o figuras recortadas de la Hoja de bloques de patrones para probar diferentes arreglos para formar la figura delineada a la derecha. Pídale que trace líneas para mostrar cómo las figuras más pequeñas encajan en la figura delineada. **Materiales: Recurso del maestro 19: Bloques de patrones, tijeras**

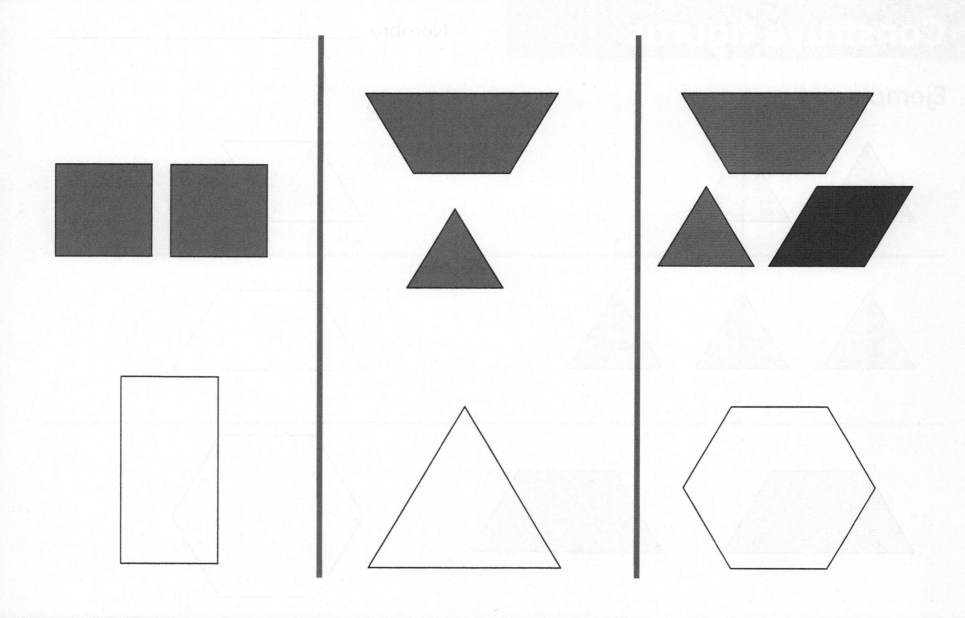

Figuras

Nombre _____

3 lados   ◯ cara

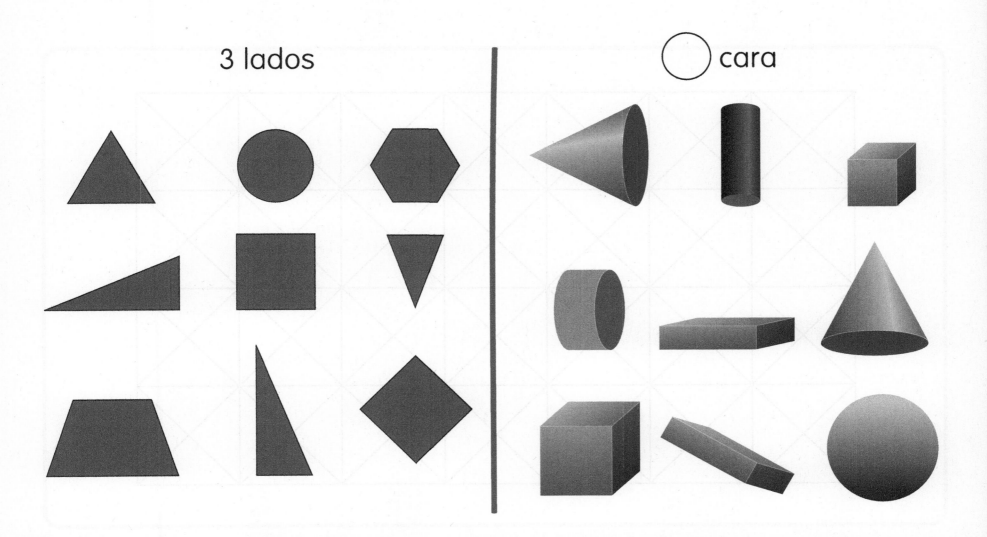

Pida a los niños que analicen las figuras planas y los cuerpos geométricos y que busquen los que tienen la característica dada. En el lado izquierdo los niños encierran en un círculo las figuras que tienen tres lados. En el lado derecho los niños encierran en un círculo los cuerpos geométricos que tienen una cara circular.

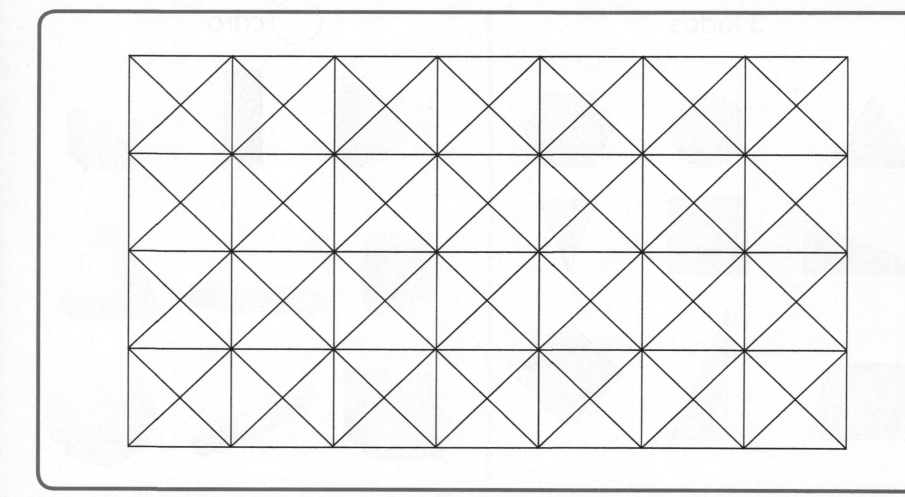

Pida a los niños que combinen figuras para hacer un dibujo. Pídales que usen las líneas como guía para colorear triángulos y cuadrados para crear su propio dibujo o patrón.

Cubre la figura

Nombre _____

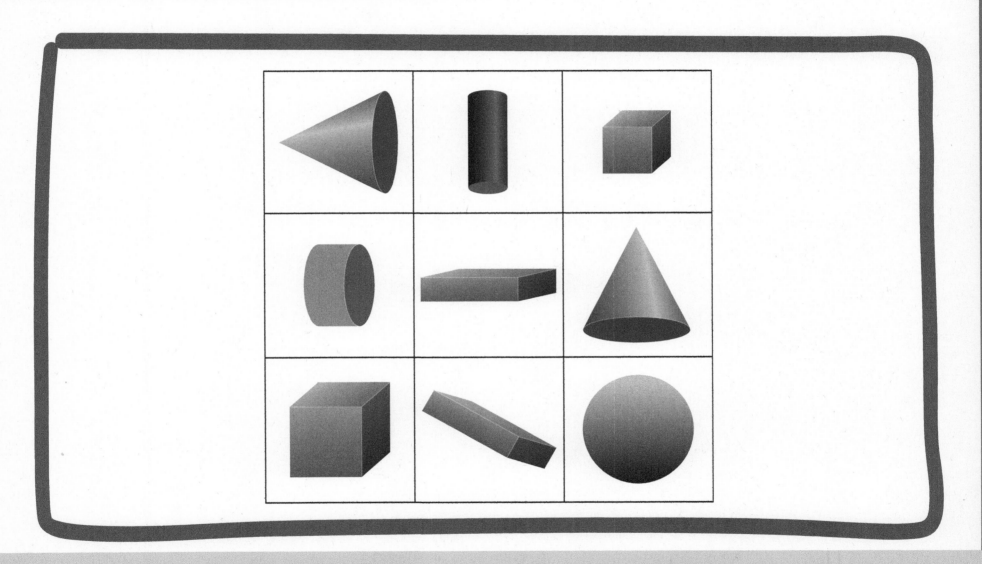

Materiales Para cada niño o niña: 1 juego de Tarjetas de figuras, Tablero de juego para *Cubre la figura*

Se juega así Toma una tarjeta de figuras de la pila. Busca la misma figura en el tablero de juego. Si la figura está en tu tablero, cúbrela con tu tarjeta. Si la figura no está en tu tablero, pon la tarjeta debajo de la pila y tu turno termina. La primera persona en cubrir todas las figuras gana.

Práctica de fluidez

Nombre _____

Pida a los niños que cuenten los objetos que hay en cada grupo y que escriban ese número.

Nombre _____

Pida a los niños que cuenten los objetos que hay en cada grupo y que escriban ese número.

Nombre _____

Pida a los niños que cuenten las figuras que hay en cada grupo y que escriban ese número.

Nombre _____

24   25   - - - - - - - - - -   - - - - - - - - - -   41   42

43   - - - - - - - - - -   45   33   34   - - - - - - - - - -

- - - - - - - - - -   38   39   29   - - - - - - - - - -   31

27   - - - - - - - - - -   29   48   49   - - - - - - - - - -

Guíe a los niños para que cuenten y hallen el número que falta. Pídales que escriban el número que falta en cada lista.

Cuenta hasta 100

Nombre _____

52	53	_____	79	_____	81

76	_____	78	_____	64	65

_____	70	71	98	99	_____

87	88	_____	58	_____	60

Guíe a los niños para que cuenten y hallen el número que falta. Pídales que escriban el número que falta en cada lista.

Halla patrones al contar de diez en diez: Razonamiento repetitivo

Nombre _____

1	2	3	4	5	6	7	8	9	10
11	12	13	14	15	16	17	18	19	
21	22	23	24	25	26	27	28	29	30
31	32	33	34	35	36	37	38	39	40
41	42	43	44	45	46	47	48	49	
51	52	53	54	55	56	57	58	59	60
61	62	63	64	65	66	67	68	69	
71	72	73	74	75	76	77	78	79	80
81	82	83	84	85	86	87	88	89	90
91	92	93	94	95	96	97	98	99	

_____
- - - - - - -
_____
- - - - - - -
_____
_____
- - - - - - -
_____
_____
_____
- - - - - - -
_____

Guíe a los niños para que señalen los números de la ultima columna a la derecha mientras cuentan de diez en diez hasta 100. Cuando lleguen a una casilla en blanco, pídales que escriban el número que falta en las líneas que están al lado de la casilla.

Hable con los niños Miren los números que están en la fila superior de la tabla. Luego miren los números que están en la última columna a la derecha. ¿En qué se parece contar de diez en diez a contar de uno en uno?

Halla patrones al contar de uno en uno: Razonamiento repetitivo

Nombre _____

1	2	3	4	5	6	7	8	9	10
11	12	13	14	15	16		18	19	20
21	22	23	24	25	26	27	28	29	30
31	32	33		35	36	37	38	39	40
41	42	43	44	45	46	47	48	49	50
51	52	53	54	55	56	57	58		60
61	62	63	64	65	66	67	68	69	70
71	72	73	74	75	76	77	78	79	80
	82	83	84	85	86	87	88	89	90
91	92	93	94	95	96	97	98	99	100

_____

- - - - - - -

_____

- - - - - - -

_____

- - - - - - -

_____

- - - - - - -

_____

Guíe a los niños para que señalen los números de la tabla mientras cuentan de uno en uno hasta 100. Cuando lleguen a una casilla en blanco, pídales que escriban el número que falta en las líneas que están al lado de esa fila.

Hable con los niños ¿En qué se parecen los números de cada fila? ¿En qué se parecen los números de cada columna? ¿Qué patrones notan en los números mientras cuentan hasta 100?

Parejas de números hasta 3

1

1   0

0   1

2

1   2

1   0

3

2   3

0   1

Guíe a los niños para que tracen líneas que conecten las piezas de arriba con las de abajo para formar trenes de 1, 2 y 3 piezas.

Nombre _____

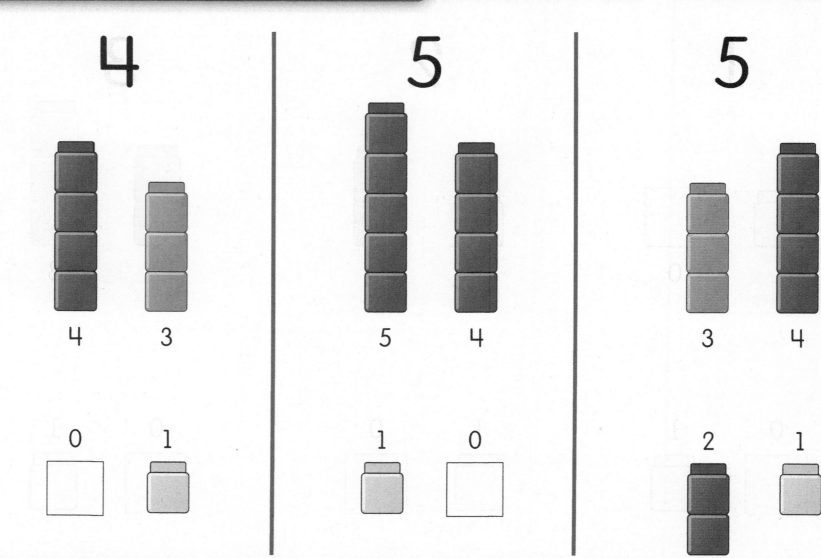

4

4   3

0   1

5

5   4

1   0

5

3   4

2   1

Guíe a los niños para que tracen líneas que conecten las piezas de arriba con las de abajo para formar trenes de 4 y 5 piezas.

3

2   3

0   1

4

2   3

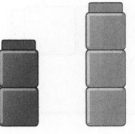

1   2

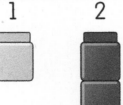

5

3   5

2   0

Guíe a los niños para que tracen líneas que conecten las piezas de arriba con las de abajo para formar trenes de 3, 4 y 5 piezas.

Halla parejas de números para formar 3: Razonamiento repetitivo

Nombre _____

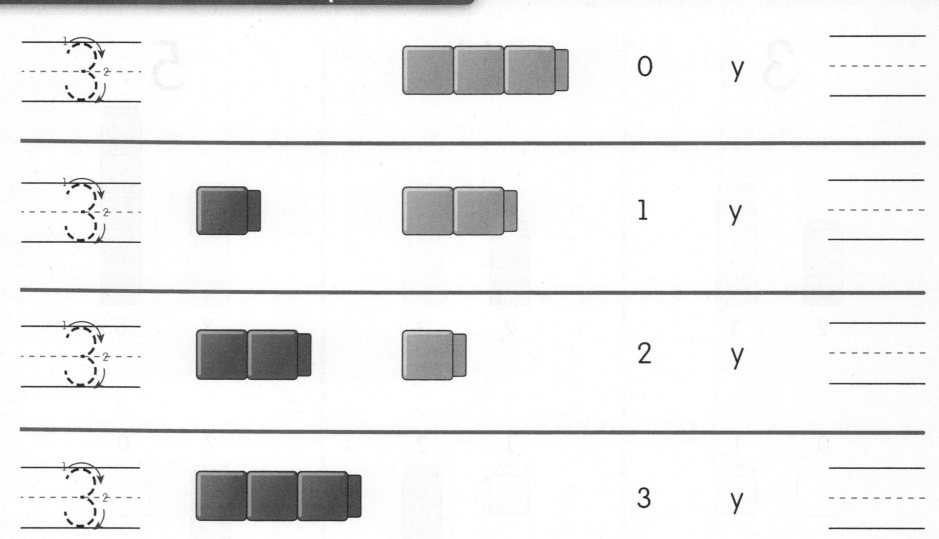

0   y   _____

1   y   _____

2   y   _____

3   y   _____

Guíe a los niños para escriban parejas de números que formen 3. Pídales que tracen el 3. Luego pídales que escriban el número que falta para formar 3 en cada dibujo.

<u>**Hable con los niños**</u> ¿Cómo cambia el primer número de la pareja de números de una fila a otra? ¿Cómo cambia el segundo número de una fila a otra?

Halla parejas de números para formar 4: Razonamiento repetitivo

Nombre _____

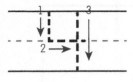    0   y   _____

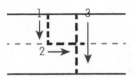    1   y   _____

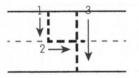     2   y   _____

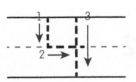    3   y   _____

Guíe a los niños para escriban parejas de números que formen 4. Pida a los niños que tracen el 4. Luego pídales que escriban el número que falta para formar 4 en cada dibujo.

Hable con los niños ¿Cómo cambia el primer número de la pareja de números de una fila a otra? ¿Cómo cambia el segundo número de una fila a otra?

Nombre _____

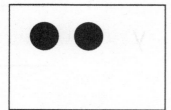 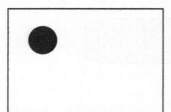

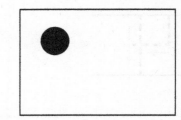

$$2 + 1 = \underline{}$$

$$\underline{} + 1 = 1$$

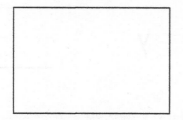 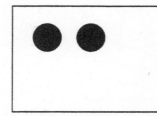 

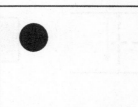

$$0 + \underline{} = 2$$

$$1 + \underline{} = 2$$

Guíe a los niños para que escriban oraciones numéricas que coincidan con los números de las tarjetas de puntos. Pídales que escriban el número que falta en cada oración numérica.

Nombre _____

$$2 + 2 = \text{------}$$

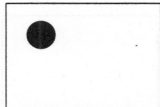 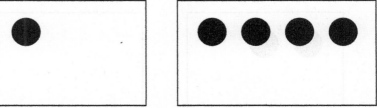

$$\text{------} + 4 = 5$$

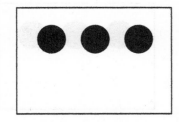 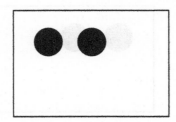

$$3 + \text{------} = 5$$

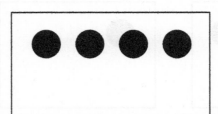

$$4 + 0 = \text{------}$$

Guíe a los niños para que escriban oraciones numéricas que coincidan con los números de las tarjetas de puntos. Pídales que escriban el número que falta en cada oración numérica.

Nombre _____

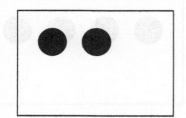

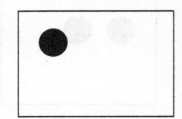

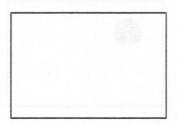

$$2 + 0 = \text{------}$$

$$3 + \text{------} = 4$$

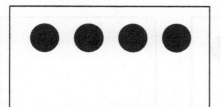

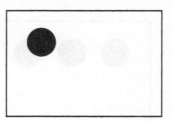

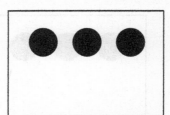

$$\text{------} + 1 = 5$$

$$2 + 3 = \text{------}$$

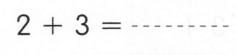

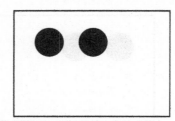

Guíe a los niños para que escriban oraciones numéricas que coincidan con los números de las tarjetas de puntos. Pídales que escriban el número que falta en cada oración numérica.

Halla patrones al sumar 1: Razonamiento repetitivo

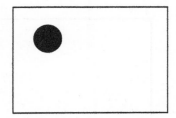 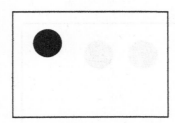

$$1 + 1 = \text{------}$$

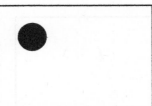 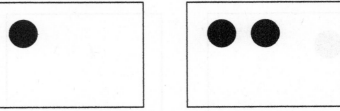

$$1 + 2 = \text{------}$$

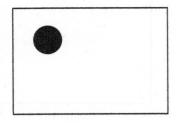 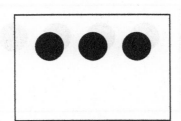

$$1 + 3 = \text{------}$$

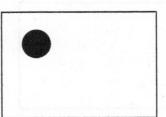 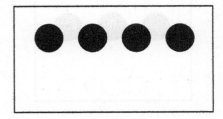

$$1 + 4 = \text{------}$$

Guíe a los niños para que escriban oraciones numéricas que coincidan con los número de las tarjetas de puntos. Pídales que escriban el total en cada oración numérica.

Hable con los niños ¿Qué número se suma en todos los problemas? ¿Cómo cambian los otros números que se suman de un problema a otro? ¿Cómo cambian los totales de un problema a otro?

Nombre _____

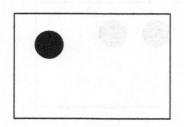

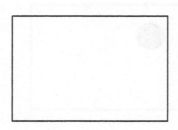

$1 + 0 =$ _____

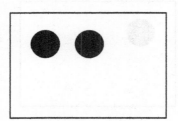

$2 + 0 =$ _____

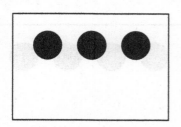

$3 + 0 =$ _____

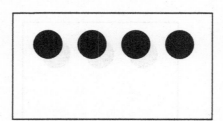

$4 + 0 =$ _____

Guíe a los niños para que escriban oraciones numéricas que coincidan con los números de las tarjetas de puntos. Pídales que escriban el total en cada oración numérica.

Hable con los niños ¿Qué número se suma en todos los problemas? ¿Cómo cambian de un problema a otro los otros números que se suman? ¿Cuál es el total cuando le suman 0 a un número?

Nombre _____

$$3 - 1 = \underline{}$$

$$\underline{} - 2 = 1$$

$$2 - \underline{} = 1$$

$$1 - 1 = \underline{}$$

Nombre _____

$$5 - 2 = \underline{}$$

$$\underline{} - 2 = 2$$

$$4 - \underline{} = 3$$

$$5 - \underline{} = 1$$

Guíe a los niños para que escriban oraciones numéricas que coincidan con los dibujos. Pídales que escriban el número que falta en cada oración de resta.

Nombre _____

$$4 - 3 = \text{---------}$$

$$\text{---------} - 0 = 2$$

$$3 - \text{---------} = 0$$

$$\text{---------} - 3 = 2$$

Guíe a los niños para que escriban oraciones numéricas que coincidan con los dibujos. Pídales que escriban el número que falta en cada oración de resta.

Halla patrones con diferencias de 1: Razonamiento repetitivo

$$2 - 1 = \underline{}$$

$$3 - 2 = \underline{}$$

$$4 - 3 = \underline{}$$

$$5 - 4 = \underline{}$$

Guíe a los niños para que escriban oraciones numéricas que coincidan con los dibujos. Pídales que escriban el número que obtienen en cada oración de resta.

Hable con los niños ¿En qué se parecen los problemas? ¿Cómo cambia de un problema a otro el número con que empezaron? ¿Cómo cambia de un problema a otro la cantidad que se resta?

$$4 - 1 = \underline{}$$

$$4 - 2 = \underline{}$$

$$4 - 3 = \underline{}$$

$$4 - 4 = \underline{}$$

Guíe a los niños para que escriban oraciones numéricas que coincidan con los dibujos. Pídales que escriban el número que obtienen en cada oración de resta.

Hable con los niños ¿En qué se parecen los problemas? Miren las cantidades que se restan y los números que obtienen. ¿Qué patrones observan?

$3 + 0 = $ _____

_____ $= 2 + 1$

$0 + $ _____ $= 1$

_____ $+ 2 = 2$

_____ $+ 2 = 3$

$1 + 1 = $ _____

_____ $= 0 + 0$

$1 + $ _____ $= 1$

Pida a los niños que escriban el número que falta en cada oración de suma.

Nombre _____

$$0 + 4 = \text{-----}$$

$$\text{-----} = 3 + 2$$

$$5 + \text{-----} = 5$$

$$\text{-----} + 3 = 4$$

$$\text{-----} = 3 + 1$$

$$2 + \text{-----} = 4$$

$$\text{-----} + 3 = 5$$

$$1 + 4 = \text{-----}$$

Pida a los niños que escriban el número que falta en cada oración de suma.

Halla sumas hasta 5

$2 + 0 = \rule{3cm}{0.4pt}$

$\rule{3cm}{0.4pt} = 4 + 1$

$2 + \rule{2cm}{0.4pt} = 3$

$\rule{2cm}{0.4pt} + 1 = 2$

$\rule{2cm}{0.4pt} = 2 + 2$

$0 + \rule{2cm}{0.4pt} = 3$

$\rule{2cm}{0.4pt} + 5 = 5$

$1 + 3 = \rule{2cm}{0.4pt}$

Pida a los niños que escriban el número que falta en cada oración de suma.

Nombre _____

$2 + 0 =$ _____

$2 + 1 =$ _____

$2 + 2 =$ _____

$2 + 3 =$ _____

$3 + 0 =$ _____

$3 + 1 =$ _____

$3 + 2 =$ _____

Pida a los niños que escriban el total de cada oración de suma. Anime a los niños a buscar patrones en los números que se suman y en los totales.

Hable con los niños ¿Cómo cambian en cada columna los números que se suman? ¿En qué se diferencian los números que se suman en cada fila? ¿Qué patrones ven en los totales en cada columna y en en cada fila?

Nombre _____

$5 + 0 =$ _____

$0 + 5 =$ _____

$4 + 1 =$ _____

$1 + 4 =$ _____

$3 + 2 =$ _____

$2 + 3 =$ _____

Pida a los niños que escriban el total en cada oración de suma. Anime a los niños a buscar patrones en los números que se suman.

<u>**Hable con los niños**</u> ¿Cómo cambian los números que se suman si bajamos por cada columna? ¿En qué se parecen los números que se suman en cada fila? ¿En qué se diferencian?

Nombre _____

$3 - 3 = \underline{}$

$\underline{} = 3 - 1$

$2 - \underline{} = 0$

$0 - \underline{} = 0$

$\underline{} - 1 = 0$

$2 - 1 = \underline{}$

$\underline{} = 3 - 0$

$\underline{} - 2 = 1$

Pida a los niños que escriban el número que falta en cada oración de resta.

Nombre _____

$$4 - 3 = \underline{}$$

$$5 - \underline{} = 0$$

$$\underline{} - 0 = 4$$

$$\underline{} = 5 - 3$$

$$\underline{} = 5 - 1$$

$$4 - \underline{} = 2$$

$$4 - 1 = \underline{}$$

$$\underline{} - 2 = 3$$

Pida a los niños que escriban el número que falta en cada oración de resta.

$$4 - 4 = \underline{\quad\quad}$$

$$5 - \underline{\quad\quad} = 1$$

$$\underline{\quad\quad} - 2 = 1$$

$$\underline{\quad\quad} = 1 - 0$$

$$\underline{\quad\quad} = 4 - 1$$

$$2 - \underline{\quad\quad} = 2$$

$$5 - 0 = \underline{\quad\quad}$$

$$\underline{\quad\quad} - 1 = 1$$

Pida a los niños que escriban el número que falta en cada oración de resta.

$5 - 5 =$ _____

$5 - 2 =$ _____

$5 - 4 =$ _____

$5 - 1 =$ _____

$5 - 3 =$ _____

$5 - 0 =$ _____

Pida a los niños que escriban el número que obtienen en cada oración de resta.

Hable con los niños ¿En qué se parecen los problemas? ¿Cómo cambia de un problema a otro la cantidad que se resta? ¿Cómo cambia de un problema a otro el número que obtienen?

Nombre _____

$5 - 3 =$ _____

$4 - 2 =$ _____

$3 - 1 =$ _____

$5 - 2 =$ _____

$4 - 1 =$ _____

$3 - 0 =$ _____

Pida a los niños que escriban el número que obtienen en cada oración de resta.

Hable con los niños ¿En qué se parecen los problemas de cada columna? ¿Qué patrones observan en cada columna en los números con que empiezan y en los números que se restan?

Nombre _____

$0 + 2 =$ ‾‾‾‾‾‾

$1 -$ ‾‾‾‾‾‾ $= 0$

‾‾‾‾‾‾ $- 2 = 1$

‾‾‾‾‾‾ $= 1 + 0$

‾‾‾‾‾‾ $= 2 - 1$

‾‾‾‾‾‾ $- 0 = 0$

$3 - 1 =$ ‾‾‾‾‾‾

$2 +$ ‾‾‾‾‾‾ $= 3$

Pida a los niños que escriban el número que falta en cada oración numérica.

Nombre _____

$2 + 3 =$ _____

_____ $= 4 - 3$

_____ $= 4 + 0$

$5 - 3 =$ _____

$4 -$ _____ $= 4$

_____ $+ 2 = 5$

_____ $- 1 = 4$

$3 +$ _____ $= 4$

Pida a los niños que escriban el número que falta en cada oración numérica.

Nombre _____

$$2 + 0 = \text{------}$$

$$\text{------} - 3 = 0$$

$$\text{------} = 4 + 1$$

$$4 - \text{------} = 3$$

$$\text{------} = 5 - 2$$

$$2 + \text{------} = 4$$

$$\text{------} + 2 = 3$$

$$2 - 2 = \text{------}$$

Pida a los niños que escriban el número que falta en cada oración numérica.

Halla patrones en la suma: Razonamiento repetitivo

2 + 3 = $\underline{}$

3 + 2 = $\underline{}$

3 + 1 = $\underline{}$

1 + 3 = $\underline{}$

1 + 2 = $\underline{}$

2 + 1 = $\underline{}$

0 + 2 = $\underline{}$

2 + 0 = $\underline{}$

Pida a los niños que escriban los totales de las oraciones de sumas de cada fila.

Hable con los niños ¿En qué se parecen los problemas de cada fila? ¿Qué observan en los números que se suman en cada fila?

Nombre _____

$5 - 5 =$ 10

$5 - 0 =$ 5

$4 - 4 =$ 8

$4 - 0 =$ 4

$3 - 3 =$ 6

$3 - 0 =$ 3

$2 - 2 =$ 4

$2 - 0 =$ 2

Pida a los niños que escriban el número que obtienen en cada oración de resta.

Hable con los niños ¿En qué se parecen los problemas de la columna a la izquierda? ¿En qué se parecen los problemas de la columna a la derecha? ¿Qué patrones observan?